高等职业教育高素质技术技能型人才培养
"双高计划"国家级示范专业物流管理类精品教材

编委会

总主编
许建领　深圳职业技术大学

副总主编（以姓氏拼音为序）
姜　洪　深圳职业技术大学
聂　华　浙江经济职业技术学院
王桂花　南京工业职业技术大学
张　龙　昆明工业职业技术学院
张润卓　辽宁经济职业技术学院

编　委（以姓氏拼音为序）

冯进展	江西外语外贸职业学院	彭　敏	南宁职业技术大学
葛启文	武汉城市职业学院	邱春龙	漳州职业技术学院
郭秀颖	广东机电职业技术学院	邱浩然	青岛职业技术学院
何波波	吉安职业技术学院	涂建军	广东交通职业技术学院
黄红如	惠州城市职业学院	万义国	江西交通职业技术学院
黄焕宗	黎明职业大学	王超维	陕西能源职业技术学院
贾广敏	广州工程技术职业学院	吴春涛	湖北三峡职业技术学院
黎　聪	广西物流职业技术学院	吴庆念	浙江经济职业技术学院
李道胜	宁夏工商职业技术学院	吴砚峰	广西职业技术学院
李　锋	岳阳职业技术学院	杨　晋	武汉交通职业学院
李陶然	河南工业职业技术学院	袁德臻	贵州职业技术学院
刘　琳	河北交通职业技术学院	袁世军	湖南现代物流职业技术学院
刘　明	济南职业学院	周昌红	嘉兴职业技术学院
孟军齐	深圳职业技术大学	周　芳	江门职业技术学院
明振东	杭州自动化技术研究院	周　蓉	武汉职业技术大学

新形态一体化教材

高等职业教育高素质技术技能型人才培养
"双高计划"国家级示范专业物流管理类精品教材

总主编　许建领

数字化物流商业运营

Commercial Operations for Digital Logistics

主　编　王桂花　南京工业职业技术大学
　　　　戴晶晶　内蒙古商贸职业学院
　　　　彭　敏　南宁职业技术大学
副主编　李书芳　四川建筑职业技术学院
　　　　徐蕾艳　南京信息职业技术学院
　　　　王　晖　南京信息职业技术学院
　　　　蒋　琼　重庆人文科技学院
　　　　冯进展　江西外语外贸职业学院
编　者（企业专家）
　　　　马　娟　江苏苏宁物流有限公司

华中科技大学出版社
http://press.hust.edu.cn
中国·武汉

内 容 简 介

本书是高等职业教育财经商贸大类物流管理相关专业的配套教材,采用"校企合作、双元开发"的方式,紧密贴合国家数字经济发展战略以及企业物流数字化转型需求,结合新时代技术技能人才培养的新要求,将课程思政、数字素养融入知识和技能培养的全过程。本书共分为八个项目,内容包括数字化物流商业运营认知、数字化物流业务运营、企业物流数字化运营、物流企业数字化运营、数字化国际物流运营、数字化物流运营平台构建与应用、数字化物流客户运营、数字化物流组织与控制。本书内容新颖,深入浅出,通俗易懂,突出能力培养,可作为高职院校财经商贸类专业师生的教材和参考用书,也可作为物流相关从业人员的培训教材或参考书。

图书在版编目(CIP)数据

数字化物流商业运营/王桂花,戴晶晶,彭敏主编. -- 武汉:华中科技大学出版社,2025.1.
(高等职业教育高素质技术技能型人才培养"双高计划"国家级示范专业物流管理类精品教材).
ISBN 978-7-5772-1549-5

Ⅰ.F252.1-39

中国国家版本馆 CIP 数据核字第 2025GW8800 号

数字化物流商业运营
Shuzihua Wuliu Shangye Yunying

王桂花　戴晶晶　彭敏　主编

策划编辑:周晓方　宋　焱　庹北麟
责任编辑:贺翠翠
封面设计:原色设计
责任校对:余晓亮
责任监印:周治超

出版发行:华中科技大学出版社(中国•武汉)　　电话:(027)81321913
　　　　　武汉市东湖新技术开发区华工科技园　　邮编:430223
录　　排:孙雅丽
印　　刷:湖北新华印务有限公司
开　　本:787mm×1092mm　1/16
印　　张:14.5　插页:2
字　　数:337千字
版　　次:2025年1月第1版第1次印刷
定　　价:49.90元

本书若有印装质量问题,请向出版社营销中心调换
全国免费服务热线:400-6679-118　竭诚为您服务
版权所有　侵权必究

网络增值服务

使用说明

欢迎使用华中科技大学出版社人文社科分社资源网

1 教师使用流程

（1）登录网址：https://bookcenter.hustp.com/index.html（注册时请选择教师身份）

注册 → 登录 → 完善个人信息 → 等待审核

（2）审核通过后，您可以在网站使用以下功能：

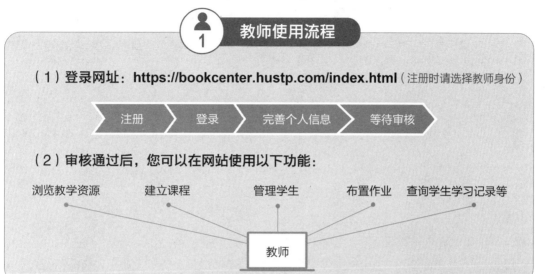

2 学员使用流程

（建议学员在PC端完成注册、登录、完善个人信息的操作）

（1）PC端学员操作步骤

① 登录网址：https://bookcenter.hustp.com/index.html（注册时请选择学生身份）

② 查看课程资源：（如有学习码，请在"个人中心—学习码验证"中先验证，再进行操作）

（2）手机端扫码操作步骤

需要获取本书数字资源，可联系编辑宋焱：15827068411

总 序

　　物流业是国民经济和社会发展的先导性、基础性、战略性产业，加快发展现代物流业对于促进产业结构调整和提高企业市场竞争力都具有非常重要的作用。党的二十大报告指出，要"加快发展物联网，建设高效顺畅的流通体系，降低物流成本"。现代物流业已经从经济辅助产业转变成了具有战略意义的基础产业，对保障产业链供应链稳定、增强国民经济韧性、促进产业优化升级具有重要意义。2020年9月，习近平总书记在中央财经委员会第八次会议上强调，流通体系在国民经济中发挥着基础性作用，构建新发展格局，必须把建设现代流通体系作为一项重要战略任务来抓。要贯彻新发展理念，推动高质量发展，深化供给侧结构性改革，充分发挥市场在资源配置中的决定性作用，更好发挥政府作用，统筹推进现代流通体系硬件和软件建设，发展流通新技术新业态新模式，完善流通领域制度规范和标准，培育和壮大具有国际竞争力的现代物流企业，为构建以国内大循环为主体、国内国际双循环相互促进的新发展格局提供有力支撑。

　　2022年，国务院办公厅发布了我国现代物流领域第一份国家级五年规划《"十四五"现代物流发展规划》，该规划对构建现代物流体系的基础、挑战、目标和要求等做出了全面、系统的阐释，提出到2025年，基本建成供需适配、内外联通、安全高效、智慧绿色的现代物流体系；到2035年，现代物流体系更加完善，具有国际竞争力的一流物流企业成长壮大，通达全球的物流服务网络更加健全，对区域协调发展和实体经济高质量发展的支撑引领更加有力，为基本实现社会主义现代化提供坚实保障。《"十四五"现代物流发展规划》描绘了我国现代物流高质量发展的"新蓝图"。为落实习近平总书记关于物流发展的系列指示精神，将我国现代物流高质量发展"新蓝图"变为现实，需要加强物流业供给侧结构性改革，并统筹解决我国产业结构失衡、资源分布不均衡的问题，其关键在于要培养和输送大量的高素质物流技能人才。各高校亟须加强物流学科专业建设，提升专业设置的针对性，培育复合型高端物流人才，助力现代化物流业的持续发展。

　　高等职业（高职）教育是培养大国工匠的重要途径，是高素质物流技能人才的第一来源。近年来，我国高等职业教育取得了长足的发展：《中华人民共和国职业教育法》的颁布在法理意义上明确了我国职业教育是与普通教育具有同等重要地位的教育类型,《国家职业教育改革实施方案》的出台为职业教育的创新发展搭建了全面的工作框架,《职业教育提质培优行动计划(2020—2023年)》等则进一步落实了职业教育高质量发展要求。在这样的大背景下,我国物流职业教育同样取得了巨大发展,具体表现在专业目录和教学标准实现了大升级,职业技能大赛和职业技能证书渗透率大幅提升,一大批一流课程和规划教材涌现出来,实训条件得到很大改善等诸多方面。高等职业教育必须始终面向现代物流发展实际,有效推进产教融合、校企合作,更好反映物流产业的成功经验和现实需求,更好发挥职业教育在人才培养和技术攻关方面的优势,让教学内容和实训内容更真实、更务实、更扎实,使学生拥有合格的物流职业技能和素质,具有卓越发展的潜力。

在职业院校专业人才培养体系中,教材建设是极其重要的基础工程。本套教材由华中科技大学出版社和深圳职业技术大学联合策划。为了凝聚物流职业教育已经取得的有益经验,进一步丰富优质教学产品供给,更好满足学生成长成才的需求,我们在全国范围内集合了一批物流专业优质院校的资深教师来编写这套全新的高等职业教育物流管理类精品教材,期待以教材这一载体来展示优秀的教学改革成果,推进教学形式的创新和教师能力的提升,为培养卓越的物流技能人才提供有力支撑。

本套教材坚持以学生为中心,力求让高等职业教育满足学生成长成才的需求和对未来美好生活的向往,将学生成长成才需求与经济社会发展需求结合起来,使他们能够在未来的职业生涯中发现自己的优势和价值,同时体现我国现代物流发展的经验和成果。与物流新技术新模式新业态快速涌现形成鲜明对比的是,物流教材建设的进度相对滞后,对物流新趋势的反映不够全面和成熟,本套教材力争具有探索性和先导性,为现代物流业人才培养提供高质量教学素材,在业界发挥引领作用。

基于此,本套教材的主要特点如下。

(1)以课程思政为引领。本套教材以习近平新时代中国特色社会主义思想为指导,坚持落实立德树人根本任务,围绕现代物流高素质技能人才培养要求,将教学目标分解为素养、知识、能力三维目标,精选教学案例和材料,突出家国情怀、诚信服务、工匠精神、国际视野,努力培养更多让党放心、爱国奉献、能担当民族复兴重任的时代新人。

(2)以专业教学标准为指导。标准化建设是统领职业教育发展的突破口,教学标准和毕业学生质量标准是标准化建设的两个重要关口。2022年,国家对职业教育物流类专业目录做出了重大调整,一些新的专业被引入进来,还有一些专业通过更名和调整归属被赋予了新的内涵,以更好反映现代物流对未来技能人才的需求。以新专业目录为基础的专业教学标准为具体开展物流职业教育教学提供了基本指南。

(3)科学构建知识技能体系。产教融合、校企合作是职业教育高质量发展的基本路径。本套教材在组建编写团队时注重"校企行"三方力量的协同参与,将行业的标准、企业的需求和学校的教学有机结合,系统梳理每门课程的"知识技能树",合理取舍,突出重点和难点,注重知识技能培养的循序渐进。

(4)突出智慧物流特征。随着贸易规模的扩大和智能技术的加速迭代,物流业和供应链管理进入"智慧时代"。一方面,与低空经济、无人驾驶等结合起来的物流新技术新模式新业态持续涌现;另一方面,传统物流模式也在推进内涵升级、结构优化。

本套教材在书目的设置和材料的选择方面都充分体现了智慧物流的特征。

（5）突出基础性和前瞻性，与职教本科教学体系适度衔接。高职教育是培养大国工匠的重要途径，职教本科有助于完善职业教育学历认证体系。本套教材从整个职业教育体系的高度出发，以高职教育人才培养为基础，致力于加强高职教育与职教本科课程体系的衔接，尤其是为未来职教本科物流专业教材的编写打下基础，贯通职业教育人才培养"立交桥"，为学生发展创造"立体通道"。

（6）打造丰富实用的数字资源库。教材是教学的基础材料，但教学也离不开其他辅助教学材料。本套教材配备电子教案、拓展案例、练习与解析等基础数字材料，同时积极开发微课视频、动画视频、仿真视频等音视频资源，部分教材还有知识图谱等互动资源，可以最大限度方便教师教学。在教材后续使用过程中，我们还将及时更新"岗课赛证"一体化的培训资料，以便为学生的学习提供全周期辅助。

本套教材分为基础课、核心课和拓展课三个模块。基础课教材包含《智慧物流与供应链基础》《供应链数字化运营》《数字化物流商业运营》《物流法律法规》《智慧物流信息技术》《物流专业英语》等。核心课包含《智慧仓配实务》《国际货运代理》《物流运输技术与实务》《物流项目运营》《采购与供应管理（第4版）》《区块链与供应链金融》《物流成本与绩效管理》《智慧集装箱港口运营》《供应链管理实务》《冷链物流管理实务》《物流系统规划与设计》《智能物流装备运维管理》等。拓展课教材包含《物流企业模拟经营》《物流安全管理实务》《物流企业数字化管理》《跨境电商物流》《进出境通关实务》《企业经营创新》《电子商务实务》《物流机器人流程自动化》《物流包装》等。同时，丛书编委会将依据我国物流业发展变化趋势及其对普通高等学校、高职高专院校物流专业人才培养的新要求及时更新教材书目，不断丰富和完善教学内容。

微光成炬，我们期待以编写这套高等职业教育物流管理类精品教材为契机，将物流职业教育的优秀经验汇聚起来，加强物流职业教育共同体的建设，为师生之间、校企之间的沟通和对话提供一个公益平台。我们也诚挚地期待有更多优秀的校园教师、企业导师加入。应该指出的是，编撰一套高质量的教材是一项十分艰巨的任务。尽管编者们认真尽责，但由于理论水平和实践能力有限，本套教材中难免存在一些疏漏与不足之处，真诚希望广大读者批评指正，以期在教材修订再版时补充和完善。

许建领

全国物流职业教育教学指导委员会副主任委员
深圳职业技术大学党委副书记、校长

2024年3月于深圳

前言

物流是实体经济的"筋络",联接生产和消费、内贸和外贸,在确保产业链与供应链的韧性和安全、推动实体经济高质量发展中具有重要地位。党的二十大报告指出"加快发展数字经济,促进数字经济和实体经济深度融合","加快发展物联网,建设高效顺畅的流通体系,降低物流成本"。为深入贯彻落实党中央关于建设物流强国、数字中国等战略部署,加快推进数字经济发展,迫切需要加快物流数字化转型,全面降低全社会物流成本,增强产业核心竞争力,提高经济运行效率,以数字物流赋能中国经济高质量发展。

数字化物流商业运营是依托互联网、物联网、大数据、人工智能等先进信息技术,对物流业务流程进行深度整合、优化与创新的新型运营模式。它以高效协同、数据驱动为核心,致力于打造一个智能化、透明化、高效化的物流生态体系,为企业和社会创造更大的价值。数字化物流商业运营能够助力企业降低成本、提升服务质量、增强市场竞争力。

我国数字化物流商业运营逐渐兴起,相关的专业教材和成熟经验相对较少。本团队经过深入调研和反复修改,编写本教材,旨在为广大高校师生、从业人员提供数字化物流商业运营的理论指导和实践案例参考。具体而言,本教材共分为八个项目,内容包括数字化物流商业运营认知、数字化物流业务运营、企业物流数字化运营、物流企业数字化运营、数字化国际物流运营、数字化物流运营平台构建与应用、数字化物流客户运营、数字化物流组织与控制。

与同类教材相比,本教材具有以下特色:一是紧扣数字经济时代脉搏,全面讲授数字化物流商业运营。在全球数字经济蓬勃发展的大背景下,数字化物流商业运营已成为推动经济高质量发展的重要力量。二是突出中国物流特色,紧密结合前沿理论与优秀实践案例。教材的编写融入了大量的"实践前沿",引导学生及时了解行业发展动态。三是注重知识学习和实践应用的结合。本教材采用任务驱动的模式来组织课程内容,聚焦于近年来数字化物流的真实商业运营场景,详细阐述运营知识与方法工具,方便读者学以致用。

本书的整体设计工作由南京工业职业技术大学的王桂花负责,内蒙古商贸职业学院的戴晶晶与南京工业职业技术大学的彭敏共同承担统稿任务,江苏苏宁物流有限公司的马娟负责案例、实训及应用场景设计。具体编写分工如下：王桂花、戴晶晶、彭敏以及马娟共同负责项目一、项目二和项目五的编写；重庆人文科技学院的蒋琼、南京信息职业技术学院的徐蕾艳和王晖负责项目三、项目六和项目八的编写；四川职业技术学院的李书芳、青海职业技术大学的马瑜汝、南京工业职业技术大学的汪潇和江西外语外贸职业学院的冯进展共同负责项目四和项目七的编写。在本教材的编写过程中，编写团队参考了众多相关著作以及丰富的官方资料，同时也得到了华中科技大学出版社的大力支持，在此向所有提供帮助的各方一并致以最诚挚的感谢！

由于数字化物流商业运营正处于探索发展阶段，理论方法和应用实践也在不断创新中，加之编写时间和编者水平有限，书中难免存在疏漏和不当之处，恳请广大读者和物流从业者批评指正，并提出宝贵意见，以便继续修订，不断改进。

目 录

项目一　数字化物流商业运营认知 ……………………………………… 001
　任务一　数字化物流认知 ……………………………………………… 004
　任务二　数字化物流运营认知 ………………………………………… 010
　任务三　数字化物流发展趋势分析 …………………………………… 016
　同步实训　企业数字化转型相关政策梳理 …………………………… 020

项目二　数字化物流业务运营 …………………………………………… 023
　任务一　数字化运输业务运营 ………………………………………… 026
　任务二　数字化仓配业务运营 ………………………………………… 040
　同步实训　物流数字化转型现状分析 ………………………………… 059

项目三　企业物流数字化运营 …………………………………………… 061
　任务一　企业物流运营认知 …………………………………………… 064
　任务二　企业物流数字化运营问题分析 ……………………………… 070
　任务三　企业物流数字化运营优化 …………………………………… 074
　同步实训　企业物流数字化技术应用现状分析 ……………………… 081

项目四　物流企业数字化运营 …………………………………………… 083
　任务一　物流企业数字化转型分析 …………………………………… 087
　任务二　物流企业数字化运营优化 …………………………………… 093
　任务三　物流企业数字化协同发展 …………………………………… 100
　同步实训　物流企业数字化转型组织结构重组 ……………………… 105

项目五　数字化国际物流运营 …………………………………………… 107
　任务一　数字化国际物流认知 ………………………………………… 110
　任务二　数字化跨境物流运营 ………………………………………… 117
　任务三　数字化货运代理运营 ………………………………………… 126
　同步实训　国际物流企业数字化转型分析 …………………………… 134

项目六　数字化物流运营平台构建与应用　　137

　　任务一　制造业数字化物流运营平台构建与应用　　140

　　任务二　商贸业数字化物流运营平台构建与应用　　150

　　任务三　物流业数字化物流运营平台构建与应用　　159

　　同步实训　物流数字化运营平台项目实施分析　　166

项目七　数字化物流客户运营　　169

　　任务一　数字化物流客户关系管理认知　　172

　　任务二　数字化客户运营　　178

　　任务三　客户关系管理系统应用　　183

　　同步实训　物流企业客户关系管理现状分析　　189

项目八　数字化物流组织与控制　　191

　　任务一　数字化物流组织重构　　194

　　任务二　数字化物流成本管理　　203

　　任务三　数字化物流质量管理　　208

　　任务四　数字化物流绩效评价　　212

　　同步实训　物流企业数字化转型成效分析　　219

参考文献　　221

项目一 数字化物流商业运营认知

任务一 数字化物流认知

任务二 数字化物流运营认知

任务三 数字化物流发展趋势分析

同步实训 企业数字化转型相关政策梳理

学习目标

◆ 素养目标

（1）树立数字意识和正确的数据价值观。
（2）提升数字化学习和创新能力。
（3）提升数字道德规范和社会责任感。

◆ 知识目标

（1）了解物流与数字化物流及其发展趋势。
（2）掌握数字化物流运营模式及转型路径。
（3）领会物流数字化转型的关键技术及应用。

◆ 技能目标

（1）能通过数字化思维优化物流基本服务。
（2）能借助数字化工具和技术优化物流业务。
（3）具备一定的数字技能，能够提出新颖的想法和解决方案。

思维导图

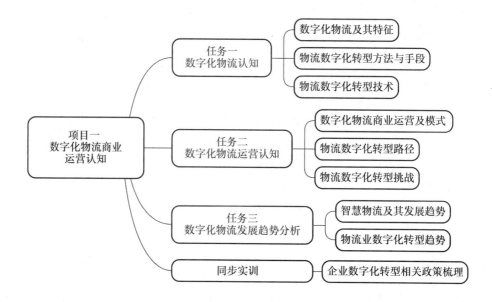

学习导入

推进生活服务业数字化转型升级

为促进数字经济和实体经济融合,通过数字化赋能推动生活服务业高质量发展,助力形成强大国内市场,商务部、国家发展改革委、教育部、工业和信息化部等12部门联合印发《关于加快生活服务数字化赋能的指导意见》(以下简称《意见》)。

《意见》围绕丰富生活服务数字化应用场景、补齐生活服务数字化发展短板、激发生活服务数字化发展动能、夯实生活服务数字化发展基础、强化支持保障措施等5个方面,提出了19项具体任务举措。《意见》提出,到2030年,生活服务数字化基础设施深度融入居民生活,数字化应用场景更加丰富,基本实现生活服务数字化,形成智能精准、公平普惠、成熟完备的生活服务体系。

其中在"补齐生活服务数字化发展短板"方面,《意见》强调,要加强生活服务数字化基础设施建设。围绕生产、采购、运输、仓储、批发、零售、配送各个环节,优化生活服务数字化供应链体系,降低渠道成本。加强生活服务和物流、仓储、配送等基础设施规划与建设,完善城乡一体化仓储配送体系,支持立体库、分拣机器人、无人车、无人机、提货柜等智能物流设施铺设和布局。完善农村物流节点设施体系和农村电商服务体系。同时要求完善一刻钟便民生活圈服务功能,优化提升送餐、送货、送菜、送药等便民综合服务能力,加强智能充电桩、物流车、智能取餐柜、智能快件(信包)箱、自动生鲜售货终端等智能设备推广运用,为社区居民提供更加安全、舒适、便利的数字化智慧化生活环境。

在"夯实生活服务数字化发展基础"方面,《意见》强调,加强数字化技术运用,加快培养数字化专业人才,鼓励普通高等学校、职业院校开设数字生活服务相关专业。引导企业、平台建设生活服务数字化用工和培训基地,依托职业院校、各类线上线下培训机构,深化产教融合,建立针对性强、低成本、可触达的培训体系。针对生活服务数字化相关新职业新业态,多形式、多渠道加强专业人才培养。

思考:当前数字化人才需要具备哪些技能?

任务一　数字化物流认知

 任务描述

在数字化和智能化浪潮下,中小企业要想实现质的有效提升和量的合理增长,必须加速数字化转型,充分发挥数字经济的赋能效应。小王就职于一家中小物流企业,该公司正面临着前所未有的转型挑战与机遇。小王发现数字化转型不仅是技术层面的革新,更是企业战略、组织架构、业务流程及文化理念的全面升级,但是目前公司遇到了一系列问题,如战略误解、资金与人才短缺、技术选型不当等,这些问题由于处理不当,已经严重阻碍了公司的顺利转型。小王深知要想避免这些陷阱,就必须正确认识数字化转型的内涵,系统学习数字化物流相关知识。

 任务要求

(1) 系统学习数字化物流内涵及特征,掌握物流数字化转型方法。
(2) 调研分析当前企业数字化转型面临的挑战,并寻求相应解决方案。
(3) 系统把握物流数字化转型技术,学习数字化转型的成功经验。

一、数字化物流及其特征

物流业作为延伸产业链、提升价值链、打造供应链的重要支撑,其数字化转型对构建现代流通体系、促进形成强大国内市场、推动高质量发展,以及加速推进数字中国建设具有重要作用。在全球化进程的推进与大数据、人工智能、物联网等技术蓬勃发展的背景下,传统物流行业面临着转型升级的新挑战,新质生产力成为物流行业转型升级的关键因素,数字化物流应运而生。

(一) 数字化物流的产生背景

1. 移动互联网在货车司机中普及

自2014年以来,移动互联网广泛应用,目前已完全渗透至货车司机群体,

QuestMobile数据显示，截至2024年3月，中国移动互联网活跃用户规模达到12.32亿，微信、支付宝平台小程序流量分别达到9.45亿、6.48亿。货车司机通过移动互联网能够更高效地接收托运订单。未来，移动互联网预计将对货车司机进行更为多元化的数字化赋能，如在线采购和市场服务等。

2. 运力资源管理需求不断增加

鉴于整车运输市场竞争日益激烈，物流公司迫切需要提高运输服务质量以进一步吸引和留住客户。因此，物流公司对能促进其进行内部或外包运力精细化管理的平台需求日益增加。数字货运平台将在其中发挥重要作用，持续整合和积累运力，从而赋能托运方更好地管理其优质外包货车司机运力资源。

3. 运力资源匹配的稳定供给和需求

数字货运平台让托运方更好地获取稳定丰富的运力资源，促进货车、货物方面的协调。同时，数字货运平台可以让货车司机直接与有稳定运输需求的上游托运方联系，为长期合作关系奠定基础。

4. 企业提质降本增效的需求日趋迫切

数字化物流以其独特的技术驱动优势重塑传统物流模式。数字化物流强调实时数据的获取与分析、流程的自动化、供应链的透明性和整合性、预测的准确性，以及增强的客户互动体验。这种数字化转型不仅提高了效率，降低了成本，同时也为客户、供应商和各方利益相关者创造了更大的价值和更好的服务体验。

（二）数字化物流的内涵及特征

1. 数字化物流的内涵

数字化物流是一种以数字化技术为基础的物流管理和服务模式，是现代物流发展的必然趋势，是企业提质降本增效的重要手段。具体而言，数字化物流是指应用数字化技术和信息技术来实现物流过程中信息化、网络化、智能化和可视化的管理、运作和服务，以提高运营效率、降低物流成本、提升客户体验。

数字化物流的发展是全方位、系统性的工程，需要通过不断地探索与创新，经历迭代、更新、完善、丰富的发展历程，才能全面提升客户体验，响应市场需求，助力企业真正实现提质降本增效的目的。

2. 数字化物流的特征

在数字经济时代，数字化物流已经成为供应链和物流领域的新常态。它具备实时数据分析、流程自动化、增强透明度和客户实时互动等特征，不仅提升了业务的效率和反应速度，也为客户提供了更为出色的服务体验。

（1）数字共享。通过信息技术手段将物流过程中的信息进行共享和流通，实现物流各个环节的协同作业和信息透明，提高物流效率。

（2）智能调度。通过物流智能化技术，对物流过程中的运输、仓储、配送等进行智能调度和管理，提高物流运营效率和运输安全性。

（3）电子商务。通过电子商务技术，将线上销售和线下物流服务相结合，实现物流、仓储、配送等一体化服务，提高用户体验和服务质量。

（4）物流可视化。通过物流信息化和可视化技术，对物流运营过程进行实时监控和追踪，实现对物流过程的实时掌控，提高物流服务质量和安全性。

（5）物联网应用。通过物联网技术，实现物流设备和物流货物的智能化、自动化和智能互联，提高物流过程中的运营效率和服务质量。

数字化物流已经成为推动物流业转型升级的重要手段，对促进物流业的创新和提高物流服务质量有着重要的作用。

（三）数字化物流的发展框架

1. 向产业赋能平台转型升级

区别于传统互联网平台，产业赋能平台是赋能于产业链上下游用户需求场景中的价值创造者，并形成与用户深度连接的新型平台模式。例如，一些物流企业围绕数字化转型，向供应链上下游延伸，增强了供应链上下游合作黏性，并探索向上游货主企业提供贷款授信，向下游个体运输提供食宿、维修、加油、购车等服务，吸引了主机厂、车辆养护机构、保险、银行等相关资源集聚合作，形成了以物流企业为核心的物流行业生态圈。

2. 向供应链集成模型转型升级

随着需求不断升级变迁，客户对于专业化、一站式、高性价比、无缝衔接与即时响应的定制化解决方案的需求日益旺盛，迫切需要将数字化物流嵌入整个数字化供应链体系中，以帮助企业全面提质降本增效。

随着传统线下物流全面触网，并加快向业务在线化、数据业务化和流程可视化转型，企业主体之间、业务流程之间、信息数据之间、设施资产之间、标准规范之间融合的程度将逐步加深。物流企业逐步从简单外包向战略合作伙伴关系转变，增强客户粘性和供应链稳定性；从提供基础性服务向增值服务再到供应链集成服务转变，提升附加价值和企业效益，增强价值创造能力，推动产业迈向价值链中高端。

3. 向数字产业集聚转型升级

数字物流产业的发展需要良好的区域市场营商环境。当前，大部分地区的行政管理和行业监管还不适应数字物流产业发展。一些地方加大制度创新力度，持续推动改善配套政策措施，数字物流产业发展形成了若干集中地。

数字物流产业集聚区作为联接政府和企业的平台，可以吸引和带动社会资源进入园区，并为园区内平台企业提供各类配套服务，壮大各类平台的生态体系；同时可以协助政府对企业实施集中监管，制定行业规则和规范，还可以代表企业向政府反映政策诉求，是推动物流行业数字化转型、促进行业规范健康发展、优化营商环境的有效载体。

在未来的征程中，数字化物流将发挥更加重要的作用。我们要敢于拥抱新科技、新模式，不断挑战传统，创造更加智能、高效、绿色的物流体系。通过协同合作，促进数字化物流标准的统一与交流，实现数字化物流的全球互联互通。

二、物流数字化转型方法与手段

随着新一轮科技革命和产业变革深入发展，我国产业链供应链处于数字化转型的关键时期，发展数字经济不仅是把握新一轮科技革命和产业变革新机遇的战略选择，也是推动创新驱动发展、产业升级、消费升级、全球竞争和可持续发展的重要途径。2024年2月召开的中央财经委员会第四次会议强调，降低全社会物流成本是提高经济运行效率的重要举措。物流数字化转型是现代物流管理变革的必然趋势。

（一）物流数字化转型方法

当前，随着物联网、云计算和人工智能技术的不断发展，实现物流数字化转型的途径众多，其主要的方法如表1-1所示。

表1-1　物流数字化转型主要方法

方法	内涵
运营智能化	物流企业将会实现更加智能化的运营模式，包括无人驾驶、智能仓库、智能调度等
数据中心化	物流企业将建立自己的数据中心，将各个运营环节所产生的大量数据进行集中处理，从而支持决策分析和资源优化
服务平台化	物流企业将打通供应链的各个环节，形成整体的物流服务能力，建立服务平台，增强企业竞争力
合作跨界化	物流企业将和电商、智能制造等其他行业企业进行跨界合作，共同打造更加完善的供应链生态圈
运营绿色化	物流企业将进一步强化绿色物流的应用，实现低碳、环保、安全、高效的运营模式，以满足市场需求和履行社会责任

（二）物流数字化转型手段

物流数字化转型手段多种多样，如表1-2所示。

表1-2　物流数字化转型手段

手段	内涵
物流大数据	随着大数据技术的不断发展，物流企业可以利用大数据分析和挖掘技术，实现对运输、仓储、配送等环节的智能化管理和优化，从而提高物流效率，降低成本
云计算与物联网	云计算和物联网技术可以实现物流信息的共享和协作，提高整个供应链的透明度和协同性，提高物流服务质量和效率

续表

手段	内涵
人工智能	人工智能技术可以帮助物流企业实现自动化、智能化和精益化管理，如机器视觉、语音识别、机器学习等技术可应用于自动驾驶、智能仓储、智能调度等领域
区块链	区块链技术可以实现物流信息的安全、透明和可追溯，避免数据篡改和信息泄露等问题，提高运输安全性和可信度
绿色物流	随着企业环保意识的不断增强，绿色物流已经成为越来越重要的发展趋势，物流企业需要通过数字化手段实现绿色物流，如智能路由优化、智能能源管理、低碳配送等

三、物流数字化转型技术

物流数字化转型依赖于物联网（IoT）、人工智能、区块链等关键技术，这些技术的运用可以大大提高物流企业的运营效率和服务质量。

（一）物联网

结合最先进的传感器，物联网技术可以将任何物品与网络进行关联而无论物品在何地，这意味着物品运输全流程的完全可见性和可追踪性。

连接物联网的传感器还可以监控食品和药品等特殊货物的温度和湿度。近场通信（NFC）标签可以通过智能手机端口提供产品认证，从而防止伪造和盗窃。

（二）人工智能

在物流产业链中，人工智能将参与仓储、运输和配送三个基本环节。基于人工智能的仓库管理系统能实现仓库信息的自动化与精细化管理，指导和规范作业流程，提升仓库货位利用率，从而完善仓库管理并提高仓库整体运行质量。在运输环节，利用人工智能算法对临时环境进行分析，完成运输路径的规划和决策，实现智能调度。在配送环节，利用人工智能技术可以实现更智能、更高效的全自动化配送，如智能分拣、路径规划、无人车配送等。此外，人工智能技术也能作为指导物流科技的底层技术存在，从而实现技术落地的综合管理平台。

（三）机器学习

机器学习可以帮助企业分析供应链数据，找出影响供应网络成功的主要因素，提供解决方案，并持续不断地进行升级。机器学习可以与库存管理、供应商管理、预测需求、生产计划、运输管理等相关联，并为企业提供优化库存和配送方案等，以降低货运成本，并最大限度地降低风险。

（四）电子航空运单

电子航空运单（e-AWB）是一种数字化的货物运输文件，用于取代传统的纸质空运提单。其目的是简化空运供应链作业流程，提高货物数据的跟踪和处理效率，提高透明度和安全性，降低成本并减少延误。

（五）区块链

区块链技术可以将每一个物流环节的信息记录到区块中，建立起一个完整且不可篡改的信息链条。通过区块链技术，物流企业和消费者可以实时地了解货物的位置、运输历史和货物来源等信息，确保货物的追踪和溯源得以有效实施。由于所有相关方都可以同时跟踪产品的进度和状态，供应链将变得更加高效、及时和透明。

（六）自动驾驶技术

针对物流企业面临的痛点，自动驾驶技术可以通过降低事故发生率、降低人力成本、提升运输效率等来为物流货运场景创造价值。首先，自动驾驶技术可以在降低司机疲劳度的同时减少司机的误操作；其次，自动驾驶技术可以降低人力成本，从而有效解决物流企业司机人力成本高的问题；最后，通过自动驾驶技术可以实现24小时的货物运输，车辆可以自主规划路径，大大提高运输效率。

（七）机器人流程自动化（RPA）

RPA是"使用具有人工智能（AI）和机器学习功能的软件来处理以前需要人类执行的大批量、可重复的任务"。这些任务可能包括记录和交易、计算和查询的维护。RPA可以节省大量人力成本，并提高效率和准确性，从而可以使员工腾出更多精力去做更具创造性的工作，进而提高企业价值。

【实践前沿1-1】
数字化成为快递物流行业核心竞争力

RPA有助于物流业打破依靠大量文书工作和手动输入数据来进行日常运输交易的限制，大大减少人工干预，实现有效的过程控制和完全准确的输出。同时，它可以24×7全天候工作，并且能够不断检查和更新。

任务实施

「步骤1」自由组合，2~3人一组。
「步骤2」梳理国家有关数字化转型的相关政策，汇总并提炼出主要内容。
「步骤3」查找国内外有关数字化转型的相关文献，撰写一篇研究综述。
「步骤4」总结步骤2和步骤3的内容，提炼出企业数字化转型的关键技术和手段。
「步骤5」形成文档，全班分享。

任务评价

教师对各组进行综合评价,参见表1-3。

表1-3 数字化物流认知评价表

序号	评价内容	分值	得分	自我评价
1	政策梳理条理清晰、内容详实	20		
2	文献梳理较为深入,具有一定的参考价值	30		
3	数字化转型技术和手段分析较为全面,具有一定的启发性	30		
4	文档条理清晰、图文并茂	10		
5	团队分工明确、有效合作	10		
	合计	100		

任务二　数字化物流运营认知

 任务描述

系统学习了数字化物流的基本知识后,小王向领导进行了汇报,公司领导层也觉得数字化转型势在必行,但和其他中小企业一样,该公司也存在"转型是找死、不转是等死"的认知。究其原因,主要是公司面临"不会转""没钱转""不敢转"的现实困境。为此,公司领导委托小王加快学习其他公司的数字化转型模式和经验,分析本公司数字化转型面临的问题和困难,并寻求破解方法。

 任务要求

(1)系统调研其他公司数字化转型现状,了解数字化运营模式。

(2)收集其他公司数字化转型经验,提炼物流数字化转型路径。

(3)分析当前物流数字化转型普遍面临的问题,并寻求破解方案。

一、数字化物流商业运营及模式

(一)数字化物流商业运营内涵

1. 商业运营及其内容

商业运营是指企业根据市场需求和企业规划,通过有效地组织、协调和控制,以实现企业商业目标的过程,具体涉及企业的生产、销售、供应链管理、人力资源管理、财务管理等多个方面。

(1) 商业运营涉及企业的生产环节。生产是企业创造价值的基础,通过生产活动,企业将原材料转化为有用的产品或服务。商业运营需要对原材料的采购、存储和管理进行有效的规划和组织,确保生产过程的顺利进行。此外,企业还需要考虑生产线的布局和生产设备的维护与管理,以提高生产效率和产品质量。

(2) 商业运营涉及企业的销售活动。销售是企业产品流通的环节,通过销售活动,企业将产品或服务提供给消费者,并获取销售收入。商业运营需要明确销售目标和销售策略,设计销售渠道和制订销售计划,以实现销售业绩的增长。此外,商业运营还需要进行市场调研和竞争分析,把握市场动态,提供满足消费者需求的产品和服务。

(3) 商业运营涉及企业的供应链管理。供应链管理是指企业与供应商、生产商和分销商之间的协作和协调,以确保产品和服务能够按时交付给消费者。商业运营需要对供应链进行有效的管理,包括供应商的选择和评估、采购管理、库存管理、物流配送等。通过优化供应链管理,企业可以降低成本、提高效率,提供更好的服务和体验。

(4) 商业运营还涉及企业的人力资源管理。人力资源是企业最重要的资产,商业运营需要对人力资源进行有效的招聘、培训、激励和绩效评估,以提高员工的工作效率和满意度。同时,商业运营还需要建立健全的组织架构和沟通机制,促进团队合作和知识共享,提升企业的整体竞争力。

(5) 商业运营还包括企业的财务管理。财务管理是企业运营的基础,商业运营需要对企业的资金流动、成本管理和财务报表进行有效的监控和分析。通过合理的财务管理,企业可以实现利润最大化,保证企业的持续发展。

综上所述,商业运营是企业顺利运营的重要环节。企业通过有效地组织、协调和控制,实现商业目标,提高市场竞争力,实现可持续发展。

2. 数字化物流商业运营及其内容

数字化已经成为现代商业领域中不可或缺的一部分。随着科技的不断发展和普及，数字化商业运营实践已成为企业成功的关键要素之一。

数字化物流商业运营是指在供应链管理中，运用信息技术和数据分析手段，通过合理规划、组织、协调和控制各项物流活动，以实现物流效率优化、成本降低、服务水平提升的一系列工作。

数字化物流商业运营的基本目的是实现物流运作的优化与协调，通过提质降本增效，全面提高物流效率和服务水平。具体而言，数字化物流商业运营的内容主要包括数字化物流业务运营、平台运营、客户管理、组织架构和质量管理等多个方面。

（二）数字化物流运营模式

数字化对企业生产方式和物流模式产生了很大影响，为企业的提效增速带来了技术赋能。例如，将智慧物流管理系统深入渗透到运输过程的各个环节当中，并不断通过数字化手段进行优化，让前沿科技在物流实际运营场景中落地，无人驾驶汽车、无人叉车、无人配送、智能仓库等前沿技术的应用正在助力物流企业提高运营效率。

1. 互为平台模式

（1）互为平台模式的概念。

平台模式是指通过互联网等技术手段，将供需双方连接在一起，从而实现交易的商业模式。互为平台模式则是指原本独立的平台相互开放接口，接入彼此，优势互补，面向共同用户提供综合服务的一种创新模式。不同专长的物流平台相互接入，提升了整个物流行业的服务水平和竞争力。

互为平台模式的作用：一是各家平台突出自己的优势，连接别人的优势补充自己；二是面向共同的用户，提供一站式或比价式的服务；三是减小产品差异化，扩大服务和品牌差异化，提升平台的管理和服务能力。

（2）互为平台模式的优势。

互为平台模式的优势有很多：一是有利于提升个体物流平台的服务能力和客户满意度；二是有利于减轻物流平台之间无序、恶性的市场竞争；三是有利于行业良性发展，实现平台合理利润，以及更好地保障投资人的资金投入和收益；四是鼓励物流平台做精品，努力突出核心服务能力，促进个体平台以及物流行业的发展。

互为平台模式思想来源于互联网的连接思维和工业经济时代的非核心业务外包理念，其经营风险和难点在于开放共享与企业核心商业能力外泄之间矛盾的处理。

2. 分发商模式

（1）分发商模式的概念。

分发商模式的灵感来源于铁路购票的代理渠道模式，以及其他知名商业品牌或行业的代理、加盟模式。头部之外的和后进入市场的物流平台，为突破困局，可以采用分发商模式。这种模式是指放弃自建综合性物流平台或从零开始打造物流平台，转而选择市场头部物流平台，成为其业务或区域的"平台分发商"。

分发商模式主要通过以下方式体现：一是线上的信息化模式采用头部物流平台的统一标准；二是头部物流平台制定制度，完成对分发商能力、价值观的培训；三是平台分发商的价值和核心能力体现在业务或区域线下的服务可得性和可触及性。

（2）分发商模式的优势。

物流平台分发商模式的优势有很多：一是避免了物流平台的重复建设，减少市场恶性竞争，实现物流平台行业良性发展；二是避免社会资源的浪费，头部平台＋区域分发商（业务分发商）模式是强强联合，实现头部平台的信息汇聚优势和分发商的区域、业务版块优势相结合，从而提高物流平台整体竞争力和客户满意度；三是促进行业发展，加快行业生态进化。

二、物流数字化转型路径

（一）运力采购数字化

1. 数字化平台搭建

部分企业积极构建专业的运力采购数字化平台，全面整合物流供应商的车辆类型、运载能力、服务范围、报价体系及过往评价等信息。借助此平台，企业能依据自身业务需求，精准快速筛选出适配的运力资源。如电商物流企业搭建的平台会对接众多运输主体信息。在生鲜旺季，企业可借助平台迅速匹配冷链供应商，完成运力预订，满足业务高峰的紧急运输需求，保障生鲜产品及时、安全送达。

2. 智能招投标与合同管理

越来越多的企业运用数字化技术来实现智能招投标流程。发布运力需求招标信息后，系统按预设评标标准，如价格、服务质量、过往业绩等，自动筛选和评估供应商投标文件，快速生成评标报告。同时，在合同管理上，引入电子合同签署与管理系统，保障合同签订的高效与安全。如跨境物流企业可以通过智能招投标系统，将原本数周的流程缩短至一周以内，借助电子合同管理系统降低合同管理成本与纠纷风险，从而提升运营效率。

3. 实时运力监控与动态调整

越来越多的企业开始借助物联网和大数据技术，对采购运力进行实时监控。运输车辆通过配置的GPS定位设备、车载传感器将车辆位置、行驶速度、货物状态等信息回传至平台。企业依据这些数据，对运输任务进行动态调整。如遇突发路况、天气变化或运输需求变更，能及时调度其他运力，确保货物按时交付。如发现货车途中遇到交通事故，则可以通过监控系统及时发现并调配备用车辆，避免影响客户服务。

（二）业务运营数字化

1. 订单管理智能化

不同领域的企业都积极投身于智能化订单管理系统的建设，以实现订单的自动接收、精准处理与合理分配。物流企业也是如此，积极将其订单系统与客户的电商平台、销售系统进行无缝对接。当客户下单后，订单信息能够即时传输至物流企业的订单管理系统，然后系统会依据订单的重量、体积、目的地、时效要求以及客户提出的特殊需求等多维度因素，智能匹配最优的仓储、运输和配送方案，并将相关任务精准分配至相应的执行部门。如服装电商企业与物流企业合作，借助智能化订单管理系统，可以大大提升订单处理效率与发货准确率，提高客户满意度。

2. 仓储管理自动化

越来越多的物流企业开始引入自动化仓储设备和智能仓库管理系统，借助自动化立体仓库、自动分拣设备、智能货架，实现货物自动存储、拣选和盘点，提升仓储管理效率。例如，某大型物流枢纽仓储中心采用自动化仓储系统后，仓库空间利用率提高了30%，货物拣选效率提升了5倍，大大降低了人工成本和货物损坏率。

3. 运输过程可视化

越来越多的运输企业开始运用物联网、卫星定位和大数据技术，实现运输过程可视化。无论是客户还是企业管理人员都可以通过手机 App 或电脑终端查看货物运输位置、预计到达时间、车辆行驶状态及货物实时状态。例如，冷链药品运输企业通过可视化系统，确保药品运输全程温度达标，客户也能实时了解运输进度，增强了客户信任。此外，企业还可通过分析运输数据来优化运输路线，提高运输效率。

（三）财务结算数字化

1. 自动化计费系统

在物流行业竞争激烈、数字化转型的大趋势下，为提升财务结算效率、降低人为误差、增强竞争力，越来越多的企业着手开发自动化计费系统，依据物流实际业务量与预设的运输距离、货物重量和体积、运输时效、服务类型及特殊需求等规则，自动精准计算费用。为保证计费准确及时，计费系统与订单、运输管理系统实时对接，从订单生成到运输完成全程的关键信息变动，都能及时反馈给计费系统。以某提供门到门综合物流服务的企业为例，传统人工计费耗时且易出错，引入自动化计费系统后，系统依据订单信息，如起运地、目的地、货物重量和体积、运输时效、服务类型等，自动算出总费用，避免人工错误，极大提升了计费效率，有力支持了企业财务管理。

2. 电子发票与结算流程优化

越来越多的企业开始全面推行电子发票开具与使用，实现财务结算流程数字化、自动化。如把电子发票与业务系统集成，交易完成后会自动生成发票并发送给客户。同时，优化财务结算流程，与银行、第三方支付平台对接，实现货款快速结算和到账确认。物流企业通过电子发票和数字化结算流程，一方面可以节省发票开具和邮寄成本，方便客户更快收到发票，另一方面还能提升结算效率和客户满意度，且便于企业进行财务数据分析与风险控制。

3. 财务数据分析与决策支持

越来越多的企业在利用大数据分析技术深度挖掘财务数据，为企业决策提供支持。通过分析物流业务成本构成、盈利状况、客户贡献度、资金流动等指标，帮助企业管理层制定价格策略、成本控制措施和业务拓展计划。物流企业可以通过财务数据分析发现运输车辆的空载率情况，据此调整运输路线和调度策略，来降低成本，提高盈利能力；同时还可通过分析客户贡献度来优化客户结构，重点发展高价值客户。

三、物流数字化转型挑战

（1）技术成本。数字化转型需要投入大量的技术成本，包括硬件设备、软件系统等方面，这对于中小型物流企业来说是一个巨大的挑战。

（2）人才培养。数字化转型需要人才的支持，物流企业需要通过培训、引进等方式来提高员工的数字化转型能力和技术水平。

（3）数据安全。在数字化转型过程中，物流企业面临着数据泄露、信息被篡改等风险，需要加强数据安全保障措施。

（4）供应链协同。数字化转型需要各个环节的协同配合，因此物流企业需要与供应链上下游企业紧密合作，打造协同性强的运营体系。

（5）变革管理。数字化转型涉及组织架构、流程、文化等方面的变革，需要制定有效的变革管理策略，以确保数字化转型的成功。

综上所述，物流企业数字化转型已经成为不可逆转的趋势，企业需要抓住数字化转型的机遇，通过大数据、物联网、人工智能、区块链等技术手段，实现物流业务的智能化、高效化和可持续发展。同时，物流企业需要积极应对数字化转型所面临的挑战，加强技术成本、人才培养、数据安全、供应链协同和变革管理等方面的控制和建设，推动数字化转型向着更加智能、绿色、高效、可持续的方向不断发展。

任务实施

「步骤1」自由组合，2~3人一组。
「步骤2」任选一家物流公司，调研其数字化转型现状。
「步骤3」分析其数字化运营模式和转型经验。
「步骤4」总结其数字化转型路径。
「步骤5」形成文档，全班分享。

任务评价

教师对各组进行综合评价，参见表1-4。

表1-4 物流数字化运营认知评价表

序号	评价内容	分值	得分	自我评价
1	所选公司具有一定的代表性	10		
2	公司数字化转型现状分析透彻	20		
3	公司数字化运营模式和转型经验分析相对详实	30		
4	公司数字化转型路径总结到位，具有一定的参考价值	30		
5	团队分工明确、有效合作	10		
	合计	100		

任务三 数字化物流发展趋势分析

任务描述

系统调研了物流公司数字化转型实践后，小王觉得责任重大，在向公司领导汇报之前，有必要全面了解一下物流行业的发展现状，尤其是智慧物流及其发展趋势和整个物流业的数字化转型趋势，才有可能改变公司领导层"转型是找死、不转是等死"的根本想法，找到公司"不会转""没钱转""不敢转"的根本原因，也才有可能借鉴大公司的成功经验，破解数字化转型难题。

任务要求

（1）了解智慧物流内涵，分析其发展趋势。
（2）调研当前物流业数字化转型现状和趋势。

 一、智慧物流及其发展趋势

（一）智慧物流的概念

随着科技的迅猛发展，物流行业也在不断发展和创新。智慧物流作为数字化时代的物流新趋势，正以其高效、节省成本的特点受到越来越多企业的关注和应用。

智慧物流主要利用物联网、大数据、云计算、人工智能等高科技手段，实现货物运输过程的信息化、数字化、智能化。通过在物流环节中的各个节点添加传感器和管理系统，可以实时监测货物的位置、温度、湿度等信息，提醒物流供应链中的各个环节，让物流过程更加可控和透明。

（二）智慧物流的作用

1. 通过智能化管理提高物流效率

传统物流往往存在着信息传递不畅、运输耗时长等问题，而智慧物流通过数字化技术的应用，实现了运输流程的优化和智能化管理。例如，利用物联网技术，可以监测交通状况，选择最佳线路，避免拥堵和延误；借助大数据分析，可以预测货物的需求量和运输量，合理安排车辆和仓储资源。这些技术的应用使得物流过程更加高效、快捷，进一步提升了客户的满意度。

2. 借助数字化技术降低物流成本

智慧物流对于成本的降低也具有重要意义。物流行业常面临着高昂的运输成本、仓储成本等，这直接影响到企业盈利能力的提升。智慧物流通过数字化技术的运用，有效降低了物流成本。云计算技术的应用，让各个环节的信息可以实时共享和传递，减少了重复劳动和人为错误，提高了工作效率，降低了人力资源成本。同时，通过数据分析和预测，可以合理规划运输路线和货物储存，避免库存积压和浪费，降低了仓储成本。这些成本的降低为企业提供了更大的盈利空间，提升了企业的竞争力。

3. 通过全程跟踪提高物流整体效能

传统物流过程往往需要大量的人力资源进行监控和管理，容易出现信息丢失或过程不透明的问题。而智慧物流通过数字化技术的引入，实现了对物流过程的实时监测和管理。例如，基于物联网技术，可以对货物的位置、温度、湿度等信息进行实时监测和记录，确保货物安全和质量。通过建立智能仓库和物流管理系统，可以实现货物的全程跟踪及转运过程中的信息共享。这些技术的引入，使得物流过程更加可控，减少了信息传递中的风险，提高了物流供应链的整体效能。

（三）智慧物流发展趋势

随着物联网、大数据、云计算技术的不断发展，智慧物流将变得更加智能化和高效化。例如，基于人工智能的智能调度系统可以根据历史数据和实时信息，自动分配运力资源和调整运输路线，实现最优化调度。同时，智慧物流还可以与其他领域的技术相结合，例如无人机和无人车等，实现更加高效和智能的货物配送。这些创新和发展将进一步推动智慧物流的发展，为物流行业带来更多机遇和挑战。

智慧物流通过运用先进的技术和智能化系统，提高运输效率、降低成本、实现高效管理，为物流行业带来了许多机遇和挑战。随着科技的进步和创新，智慧物流将会迎来更加广阔和光明的发展前景。未来的物流行业将会更加智能化、数字化，为企业提供更好的服务和更高的效益。

二、物流业数字化转型趋势

（一）技术创新与应用深化

1. 大数据与人工智能融合

物流企业将更加广泛地运用大数据和人工智能技术，通过对海量物流数据的深度分析和挖掘，实现精准的需求预测、库存管理、运输路线规划和智能调度等，提高物流运作的效率和准确性，降低成本。

2. 物联网的全面普及

物联网技术将在物流领域得到更深入的应用，实现货物、车辆、仓储设备等的全面互联和实时监控。通过传感器和智能标签等设备，物流企业可以实时获取货物的位置、状态、温度、湿度等信息，确保货物的安全和质量，同时优化物流流程。

3. 区块链技术的应用拓展

区块链技术将在物流供应链中发挥更大的作用，提供不可篡改、可追溯的交易记录，提高供应链的透明度和信任度。它可以用于货物溯源、物流金融、电子合同等领域，解决信息不对称、数据造假等问题，提高物流交易的安全性和效率。

（二）供应链协同与优化

1. 供应链可视化程度提高

借助数字化技术，供应链各环节将实现更高程度的可视化和透明化。物流企业可以实时了解供应商、生产商、分销商和零售商等各方的信息，包括库存水平、生产进度、运输状态等，从而更好地协调和优化供应链流程，提高响应速度和灵活性，降低库存积压和缺货风险。

2. 跨企业协同的加强

数字化转型将促进物流企业与供应链上下游企业之间的深度协同和合作。通过共享数据和信息系统，实现供需匹配、生产与物流的无缝衔接、库存的协同管理等，提高整个供应链的效率和竞争力。例如，供应商可以根据物流企业的库存情况和需求预测及时调整生产计划，物流企业可以根据生产商的排产计划提前安排运输和仓储资源。

3. 全球化供应链的整合

随着全球经济一体化的深入发展，物流企业将更加注重全球化供应链的整合和优化。通过数字化平台和技术，实现跨国采购、生产、运输和配送的协同管理，提高物流效率，降低成本，同时应对贸易摩擦、汇率波动等风险。

（三）业务流程优化与自动化

1.仓储管理智能化

智能仓储系统将得到进一步发展和应用，实现货物的自动化存储、检索和出入库管理。AGV 小车、自动化分拣机、机器人等智能设备将在仓储环节广泛应用，提高仓储空间利用率和作业效率，降低人工成本和错误率。

2.运输管理自动化

运输管理系统将更加智能化和自动化，实现运输路线的自动规划、车辆的智能调度、运费的自动结算等功能。同时，无人驾驶技术在物流运输中的应用将逐渐扩大，提高运输的安全性和效率，降低人力成本和劳动强度。

3.业务流程的数字化再造

物流企业将对传统的业务流程进行全面的数字化再造，去除烦琐的环节和手续，实现线上线下的融合和一体化运作。客户可以通过互联网平台进行下单、查询、跟踪和投诉等操作，企业内部的审批、结算、报表等流程也将实现自动化和数字化，提高工作效率和服务质量。

（四）客户体验提升

1.个性化服务的深化

通过客户关系管理系统和大数据分析，物流企业将能够更好地了解客户的需求和偏好，提供个性化的物流解决方案。例如，根据客户的特殊要求提供定制化的包装、配送时间和服务内容等，提高客户满意度和忠诚度。

2.实时信息服务的优化

客户对物流信息的实时性和透明度要求越来越高，物流企业将不断优化信息服务，通过手机 App、微信公众号、短信等多种渠道，为客户提供实时的货物跟踪、运输状态更新、预计送达时间等信息，让客户随时了解自己的货物情况，增强客户的信任感和参与感。

（五）绿色可持续发展

1.环保意识的增强

在全球环保形势日益严峻的背景下，物流企业将更加注重绿色可持续发展。采用新能源运输工具、优化运输路线、减少包装材料等措施，降低物流活动对环境的影响，实现经济效益和环境效益的双赢。

2.碳足迹管理的强化

数字化技术将为物流企业的碳足迹管理提供有力支持，通过对物流活动中碳排放的实时监测和分析，企业可以制定更加科学合理的减排目标和措施，优化物流网络和运营模式，降低碳排放强度，满足环保法规和社会公众的要求。

任务实施

「步骤1」自由组合，2~3人一组。
「步骤2」自主学习智慧物流及其发展趋势。
「步骤3」线上调研物流业数字化转型现状和趋势。
「步骤4」形成文档，全班分享。

任务评价

教师对各组进行综合评价，参见表1-5。

表1-5　数字化物流发展趋势分析评价表

序号	评价内容	分值	得分	自我评价
1	智慧物流内涵分析基本准确	20		
2	智慧物流发展趋势分析相对合理	30		
3	物流业数字化转型趋势分析详实	30		
4	文档条理清晰，图文并茂	10		
5	团队分工明确、有效合作	10		
	合计	100		

同步实训
企业数字化转型相关政策梳理

实训背景

党中央高度重视中小企业发展和数字化转型，多次强调"中小企业能办大事"，要"把握数字化、网络化、智能化方向，推动制造业、服务业、农业等产业数字化"。党的二十大报告指出，要"支持中小微企业发展""支持专精特新企业发展""推进新型工业化""促进数字经济和实体经济深度融合"。为此，近年来，各级政府密集出台了一系列政策措施，形成了促进中小企业平稳转型和健康发展的合力。

实训目的

系统了解近三年国家和地方出台的有关企业数字化转型的相关政策，理解这些政策为推进中小企业数字化转型提供的相关保障。

实训组织

（1）自由组合，2~3人一组。

（2）自主调研近三年国家和各地政府（任选一个）出台的数字化转型的相关政策。

（3）系统学习相关政策，并按时间顺序进行梳理，提炼政策重点。

（4）形成文档，全班分享。

实训评价

教师对各组进行综合评价，参见表1-6。

表1-6　企业数字化转型相关政策梳理评价表

序号	评价内容	分值	得分	自我评价
1	国家政策收集比较全面	20		
2	地方政策收集比较全面	30		
3	政策重点分析和提炼到位	30		
4	文档条理清晰，具有一定的参考价值	10		
5	团队分工明确、有效合作	10		
	合计	100		

【自测评估】

项目二 数字化物流业务运营

任务一　数字化运输业务运营
任务二　数字化仓配业务运营
同步实训　物流数字化转型现状分析

学习目标

◆ 素养目标

(1) 践行社会主义核心价值观,树立正确的人生观、价值观和择业观。
(2) 树立爱岗敬业的服务意识,强化责任意识。
(3) 树立数字意识和数字思维,提升数字治理能力。

◆ 知识目标

(1) 了解五种常见运输方式及其特点、仓配服务的主要设施设备。
(2) 熟悉常用的数字化货运平台及服务内容、仓配服务的主要内容和形式。
(3) 掌握数字化运输业务流程及优化方法、数字化仓配运营。

◆ 技能目标

(1) 能通过数字化思维优化运输服务、仓配服务。
(2) 能利用数字化资源制定运输方案、仓配方案。
(3) 能借助数字化治理提升运输效率、仓配效率。

 思维导图

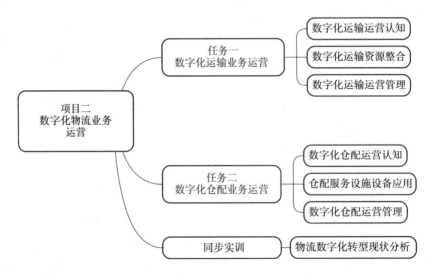

学习导入

科技赋能：我国数字交通建设迎来关键发展期

从一辆共享单车的精准定位到北斗卫星导航系统在船舶、"两客一危"车辆中的普及应用，科技赋能改变着人们的生活。近年来，随着5G、人工智能、大数据、云计算等创新科技走向成熟，在国家政策的加持下，数字交通建设迎来关键发展期。

党的二十大报告强调，要加快建设交通强国、数字中国。《数字交通"十四五"发展规划》明确提出，交通要全方位向"数"融合。

一直以来，我国高度重视交通建设数字化、智慧化发展，交通运输部会同有关部门制定了《"十四五"交通领域科技创新规划》《数字交通"十四五"发展规划》《国家车联网产业标准体系建设指南（智能交通相关）》《车辆购置税收入补助地方资金管理暂行办法》等重要文件，明确了交通运输数字化转型、智能化升级、融合化发展的目标和实施路径，加强了政策保障和标准支撑，为数字交通建设发展创造了有利条件。

（资料来源：中国新闻网）

思考：如何进一步对智能驾驶迭代升级，达成真正意义上的"车路协同"，从而更好地保障交通安全和交通强国建设？

任务一　数字化运输业务运营

 任务描述

小王刚入职一家电器生产企业仓储部,该部门负责管理企业产成品的暂存及发运业务,需要在接到总部产品调度任务时,按时完成货物的出库、转运业务,便于货物销售。入职一周后,小王熟悉了企业仓库暂存的产品类型后,接到总部通知,需要将一批货物发往异地的 RDC(区域配送中心)。由于运输任务时间紧迫,小王不熟悉寻找货运车辆资源的途径,于是他向同事请教如何快速获得可承运车辆信息,同事建议小王在网络货运平台上发布货运需求,这样可以及时寻找到匹配车源,迅速完成运输任务。小王在同事的建议下,在网络上对多家货运平台进行了对比,最终决定选择在"货拉拉"平台上发布运输任务。如果你是小王,你会如何利用"货拉拉"平台及时完成运输业务?

 任务要求

(1)任选几家(至少3家)网络货运平台,浏览各平台业务功能,对比各家平台的业务内容,形成业务对比说明。[提示贴]注意保护个人信息安全。

(2)详细介绍"货拉拉"平台的业务功能,包含但不限于业务类型、车辆类型、收费标准、平台功能等。

(3)围绕小王的业务需求,在货运平台寻找符合要求的相关车辆信息。

(4)梳理货运平台使用流程,以流程图形式记录下来。[经验贴]可使用软件制作流程图。

(5)以小组形式完成该任务,注意成员间的分工合作。

知识准备

一、数字化运输运营认知

（一）运输服务及运输方式

1. 运输服务

运输包括人和物的载运及输送。在物流业务中，运输是指运用多种设备和工具，使货物在不同地域范围内运送的活动，其内容包括集货、分配、搬运、中转、装入、卸下、分散等一系列操作。货物运输的主要功能是改变货物的空间位置，解决商品交易的空间障碍问题。

运输服务属于现代服务业范畴，是为社会生产和消费服务的，其产品就是一种服务。市场对运输服务的基本要求主要有四点。

（1）及时。按照用户需要的时间把货物送到目的地，尽量缩短货物的在途时间。

（2）准确。在货物运输过程中，切实防止各种差错事故，尽量做到不错不乱，准确无误地完成运输任务。

（3）经济。以最经济的方法完成运输业务，降低运输成本。

（4）安全。在货物运输过程中，保证工作人员人身安全和所运货物的财产安全。

2. 运输方式

常见的运输方式包括公路运输、铁路运输、水路运输、航空运输和管道运输五种。每种运输方式有各自的优缺点和适用范围，掌握常见运输方式的特点，有利于选择合适的运输方式，提高运输服务的质量。

（1）公路运输。

公路运输是指使用汽车在公路上载运货物的运输方式。公路运输是19世纪末随着现代汽车的诞生而产生的，初期主要承担短途运输业务。第一次世界大战结束后，基于汽车工业的发展和公路里程的增加，公路运输走向发展的阶段。这一时期公路运输不仅是短途运输的主力，而且进入长途运输的领域。第二次世界大战结束后，公路运输发展迅速。欧洲许多国家和美国、日本等国已建成比较发达的公路网，汽车工业也提供了雄厚的设备基础，促使公路运输在运输业中跃至主导地位。

公路运输能提供灵活多样的服务，多用于价高量小货物的门对门服务，其经济里程一般在300千米以内，单纯从经济角度考虑，200~300千米的运输半径是最经济的。其优缺点如表2-1所示。

【实践前沿2-1】
我国公路运输现状

表2-1　公路运输优缺点

优点	缺点
（1）运输速度快，平均速度可达60～100 km/h	（1）运输能力相对较弱，受容积限制
（2）可靠性强，对产品损伤较少	（2）运输经常性差，容易受天气影响
（3）机动性强，可灵活制定营运时间表，提供门到门服务，市场覆盖率高	（3）能耗高，环境污染比其他运输方式严重，劳动生产率低
（4）投资少，经济效益高	（4）变动成本相对较高
（5）操作人员的培训较简单	（5）土地占用较多
适用范围： （1）近距离的独立运输作业； （2）补充和衔接其他运输方式	

（2）铁路运输。

铁路运输是一种利用铁路轨道运行列车来运输旅客和货物的运输方式。铁路运输是现代重要的货物运输方式之一，它能提供长距离的大宗商品运输，且具有低成本、低能耗的特征。1804年，理查德·特里维希克在英国威尔士发明了第一台能在铁轨上前进的蒸汽机车。1825年，英国的斯托克顿—达灵顿铁路正式建成通车，成为世界上第一条成功的蒸汽火车铁路，很

【实践前沿2-2】
我国铁路运输现状

快铁路便在英国和世界各地通行起来，且成为世界交通的领导者。第二次世界大战后，以柴油和电力驱动的列车逐渐取代蒸汽推动的列车，20世纪60年代，多个国家开始建造高速铁路。中国第一条铁路吴淞铁路建于上海，是英国人擅自修建的，后被清政府赎回拆除。而正式使用的第一条铁路和蒸汽机车则是由李鸿章兴办的开滦煤矿所建。

现行的铁路货物运输种类按我国铁路技术条件分为整车、零担、集装箱三种。整车适于运输大宗货物；零担适于运输小批量的零星货物；集装箱适于运输精密、贵重、易损的货物。常规铁路货运列车运行速度为80～120 km/h，一列铁路货运列车一般能运送3000～5000吨货物。铁路运输优缺点如表2-2所示。

表2-2　铁路运输优缺点

优点	缺点
（1）连续性好，运输速度较快，运输能力强，受自然条件限制较小	（1）工程量大，建设周期较长，投资额高
（2）运行比较平稳，安全可靠，到发时间准确性较高	（2）运输过程中列车编组、解体和中转改编等作业占用时间较长
（3）平均运距较长，能耗较少，成本较低	（3）灵活性较差
适用范围： 在内陆地区运送中长距离、大运量、时间要求高的一般货物和特种货物	

(3) 水路运输。

水路运输是以船舶为主要运输工具、以港口或港站为运输基地、以水域（包括海洋、河流和湖泊）为运输活动范围的一种运输方式。水路运输有着悠久的历史。在石器时代，人类就以木作舟在水上航行。据记载，远在公元前4000年左右，古埃及就有了帆船。中国使用帆船的历史也可以追溯到公元以前。15世纪到19世纪中叶是帆船发展的鼎盛时期。人类在古代就已利用天然水道运输货物。

【实践前沿2-3】
我国水路运输现状

中国是世界上水路运输发展较早的国家之一。公元前2500年，中国就制造舟楫，商代有了帆船运输，并且当时已造出有舱的木板船。公元前500年前后中国开始开凿运河，公元前214年建成了连接长江和珠江两大水系的灵渠。公元前2世纪，汉武帝派出远洋船队驶往印度洋，开辟了南海—印度洋航线，海上丝路出现。京杭大运河则贯通了海河、黄河、淮河、长江、钱塘江五大水系。唐代对外运输丝绸及其他货物的船舶直达波斯湾和红海之滨。明代航海家郑和率领庞大船队七下西洋，历经亚洲、非洲30多个国家和地区。

现代中国的水路运输发展飞快，特别是改革开放以来，水路客、货运量均迅猛增加。从国际交往看，我国已与100多个国家和地区建立了航线联系。近年来，水路货运量累创新高。2023年水路货运量达到93.7亿吨，首次突破90亿吨的大关。中国当前已基本形成一个具有相当规模的水运体系，对经济、文化发展和对外贸易交流起着十分重要的作用。

水路运输主要有四种形式。①沿海运输：船舶在近海上航行，往来于本国各沿海港口之间，担任运送旅客和货品的海运业务，一般使用中、小型船舶。②近海运输：船舶航程较短，与其他国家或地区间，只经过沿海或本国邻洋的部分水域的海上运输，视航程可使用中型船舶，也可使用小型船舶。③远洋运输：使用船舶跨大洋的长途运输形式，主要依靠运量大的大型船舶。④内河运输：使用船舶在陆地内的江、河、湖、川等水道进行运输的一种方式，主要使用中、小型船舶。

水路运输中普通货船载重可达5000吨，国际货船吨位多在1万吨以上，有的甚至超过10万吨。内河船舶设计航速一般为15~17节，即28~31 km/h；远洋货轮速度可以达30节，即56 km/h，常规货轮的速度为15~20节，即28~37 km/h。水路运输优缺点如表2-3所示。

表2-3 水路运输优缺点

优点	缺点
（1）运输能力大，通用性好，可以运送各种货物，尤其是大件货物	（1）受自然条件影响较大
（2）建设投资相对较小，运输成本低	（2）运输过程中装卸船等作业占用时间较长

续表

优点	缺点
（3）平均运距长，劳动生产率高	（3）运送速度慢，在途时间长

适用范围：
运距长、运量大、时间要求不太高的大宗物资运输，如谷物、矿石、石油等

（4）航空运输。

航空运输是在具有航空线路和飞机场的条件下，利用飞机作为运输工具进行客、货运输的一种运输方式。在我国运输业中，航空运输货运量占全国运输量比重还比较小，主要是承担长途客运任务，伴随着物流的快速发展，航空运输在货运方面也将会扮演重要角色。

【实践前沿2-4】
中国商飞C919简介

航空运输始于1871年，在普法战争中，法国人用气球把政府官员和物资、邮件等运出被普军围困的巴黎。1918年5月5日，飞机运输首次出现，航线为纽约—华盛顿—芝加哥；同年6月8日，伦敦与巴黎之间开始进行定期邮政航班飞行。20世纪30年代有了民用运输机，各种技术性能不断改进，航空工业的发展促进了航空运输的发展。第二次世界大战后，世界范围内逐渐建立起航线网，以各国主要城市为起讫点的世界航线网遍及各大洲。

1949年11月2日，中国民用航空局成立，揭开了我国民航事业发展的序幕。中国民航发展至今经历了4个阶段。第一阶段为1949—1978年，其中1978年运输总周转量为3亿吨千米。第二阶段为1978—1987年，其中1980年运输总周转量为4.29亿吨千米，居世界民航第35位。第三阶段为1987—2002年，其中2002年完成运输总周转量165亿吨千米。第四阶段为2002年至今，2023年完成运输总周转量1188.34亿吨千米；2023年我国共有定期航班航线5206条，定期航班国内通航城市（或地区）255个（不含港澳台地区），我国航空公司国际定期航班通航57个国家的127个城市；截至2023年底，我国共有运输航空公司66家，民航运输飞机4270架，比2022年底增加105架。

航空运输服务的经营形式主要有班期运输、包机运输和专机运输。通常以班期运输为主，后两种则按需要临时安排。班期运输是按班期时刻表，以固定的机型沿固定航线、按固定时间执行运输任务。当待运客货量较多时，还可组织沿班期运输航线的加班飞行。

当前航空运输速度一般为800~1000 km/h，单次航程可以超过10000千米，是速度最快的一种运输方式。2021年数据显示，最大的B747-400F货机，可以放下39个集装板；A300-600F货机可以装载50吨货物，放21个集装板和23个集装箱。航空货运通常用于运输国际贸易中的贵重物品、鲜活货物和精密仪器等。航空运输优缺点如表2-4所示。

表2-4　航空运输优缺点

优点	缺点
（1）运行速度快	（1）飞机造价高、能耗大、技术复杂
（2）机动性能好	（2）运输能力小、成本高

适用范围：
（1）距离远、体积小、价值高的货物；
（2）鲜活产品、时令性产品和邮件等货物。

（5）管道运输。

管道运输是用管道作为运输工具的一种长距离输送液体和气体物资的运输方式。管道运输专门用于从生产地向市场输送石油、煤和化学产品等，是统一运输网中干线运输的特殊组成部分。

【实践前沿2-5】
西气东输 构筑能源大动脉

现代管道运输始于19世纪中叶，1865年美国宾夕法尼亚州建成第一条原油输送管道，然而它的进一步发展是从20世纪开始的。第二次世界大战后，随着石油工业的发展，管道的建设进入了一个新的阶段，各产油国开始竞相兴建大量石油及油气管道。

20世纪60年代，输油管道逐渐向大管径、长距离方向发展，并且成品油输送的管网系统逐渐建成，同时开始了用管道输送煤浆的尝试。全球的管道运输承担着很大比例的能源物资运输，包括原油、成品油、天然气、油田伴生气、煤浆等。其完成的运量常常远超出人们的想象，在美国，管道的运输量接近汽车运输的水平。管道运输也被进一步研究用于解决散状物料、成件货物、集装物料的运输，以及发展容器式管道输送系统。

管道运输在中国是既古老又年轻的运输方式。早在公元前3世纪，中国就创造了利用竹子连接成管道输送卤水的运输方式，可说是世界管道运输的开端。到19世纪末，四川自流井输送天然气和卤水的竹子管道长达200多千米。但我国现代化管道运输则到20世纪50年代方得到发展。1959年我国建成第一条现代输油干线管道——新疆克拉玛依—独山子输油管道，全长147千米。20世纪60年代以来，随着大油田的相继开发，东北、华北、华东地区先后修建了20多条输油管道。2023年，我国管道运输总量9.5亿吨，同比增长7.5%；管道运输周转量7089.8亿吨千米，同比增长3.8%。

管道运输系统的基本设施包括压力站（泵站）、控制中心、储存库和管道。压力站是管道运输动力的来源；控制中心需要配备现代化的检测器及熟练的管理与维护人员，以随时监测运转情况；储存库一般位于管道两端，容纳运输货物。

管道运输根据管径大小的不同，每年的运输量可达数百万吨到几千万吨，甚至达到1亿吨。管道运输是连续工程，运输系统不存在空载行程，因而系统的运输效率高。其能耗远低于铁路运输，在大量运输的时候运输成本与水运接近。管道运输优缺点如表2-5所示。

表2-5 管道运输优缺点

优点	缺点
（1）运输量大、占地少、损耗少、运输成本低	（1）专用性强、固定投资大
（2）安全可靠、无污染	（2）灵活性差
适用范围： 适宜运输流量大且稳定的液体或气体类货物	

（二）数字化运输服务及技术应用

1. 数字化运输服务概念及特点

（1）数字化运输服务概念。

随着全球化的不断深入和物流行业的不断发展，数字化运输服务已经成为推动物流行业变革的重要力量。运输服务与信息技术的深度结合，使运输服务效率大大提升，传统运输服务开始向数字化运输服务转型。未来，数字化运输服务将成为物流行业的重要趋势之一。

数字化运输服务是指依托数字化、物联网和人工智能等技术以及智能化设施设备，由承运商为托运商提供运力派单、运输管理、路径可视、运费支付、电子回单、票据结算等全链路运输服务的过程。

（2）数字化运输服务特点。

① 智能化管理。通过物联网技术将运输过程中的各种设备和系统进行连接，实现智能化管理和控制。例如，通过智能化的车辆调度系统，能够实现车辆的实时监控和调度，提高车辆的利用率和运输效率。

② 信息化服务。通过信息化技术为运输提供更加便捷、高效、准确的服务。例如，通过互联网平台实现货源和车源信息的实时更新和匹配，提高物流信息的透明度和准确性。

③ 绿色化发展。通过数字化技术实现运输过程的节能减排和绿色化发展。例如，通过智能化的能源管理系统，能够实现运输过程中能源消耗的实时监控和优化，减少能源浪费和排放。

2. 数字化运输技术应用

（1）数字化技术的应用。运输企业可以利用大数据分析技术，对物流过程进行实时监控和预测，从而及时发现问题并采取措施，提高物流运作的效率和准确性。

（2）物联网技术的应用。物联网技术可以实现运输信息的实时传输和共享，从而实现运输过程的全程可视化，这将有助于运输企业更好地掌握运输过程中的各个环节，提高运输的效率和可靠性。

（3）智能化设施设备的应用。运输企业可以利用传感器和监测设备实时监控货物的位置、状态、湿度和温度等信息。

（4）人工智能的应用。运输企业可以利用人工智能对运输过程进行智能规划和调度，从而实现运输的自动化和高效化。

二、数字化运输资源整合

传统运输模式属于整车运输，货主找到第三方物流公司进行运输，由第三方物流公司负责车辆、司机的调配。由于信息获取来源有限，过去的司机都是蹲点等活，且以个体司机运输为主。在这种复杂的运输服务链里，第三方物流公司更像是一个中介服务商，帮货主搭桥，从而收取中间差价来获利。基于信息化技术的发展，传统运输行业开始利用信息化技术实现资源整合，先后经历了无车承运和网络货运两个阶段。

（一）无车承运

1. 无车承运认知

2016年8月，交通运输部办公厅印发《关于推进改革试点加快无车承运物流创新发展的意见》，鼓励无车承运物流创新发展。2016年10月至2019年12月，交通运输部在全国开展了道路货运无车承运人试点工作。

无车承运是指依托移动互联网等技术搭建物流信息平台，通过管理和组织模式的创新，集约整合和科学调度车辆、站场、货源等零散物流资源，从而有效提升运输组织效率，优化物流市场格局，规范市场主体经营行为的运输组织方式。无车承运人是以承运人身份与托运人签订运输合同，承担承运人的责任和义务，通过委托实际承运人完成运输任务的道路货物运输经营者。

2. 无车承运特点

与传统货运相比，无车承运中的车辆管理更为便利，其主要体现出以下特点：

（1）信息化。无车承运平台承载了大量的客户、司机信息，丰富的信息资源能让物流运输匹配更高效、更方便。

（2）数据的合理使用。无车承运平台中的数据，包括订单信息、车辆轨迹、付款信息等都是相互核实的，可以将这些真实数据引入供应链、物流金融等产品中，从而实现信息的充分利用。

（3）司机减税。以往司机是按照个体户进行纳税的，无车承运平台会有一定的免征额度。

（4）解决进项发票不足和合规性的问题。传统货运中，第三方物流公司直接将货物送到个体司机运输处，由于司机无法提供发票，部分物流企业需要通过其他通道来弥补；而无车承运人可代平台里的司机开具有一定可抵扣税率的运输发票。

（5）开票金额限制。传统货运中，部分地区税务部门对第三方物流公司开具增值税发票的额度需与自有运力挂钩，限制了发票金额；无车承运人在这方面则没有金额限制。

（6）信息交易转为信用交易。交易方式从信息过渡到信用，通过以交易数据为核心的履约数据传递信用行为，促使交易方式和支付方式的改变。在物流与供应链金融加速融合背景下，传统第三方物流公司因缺乏有效信用自证途径，融资时困难重重。

从传统货运到无车承运，整个运输行业借助信息化技术，为企业提供了更好的运输服务，如图2-1所示。

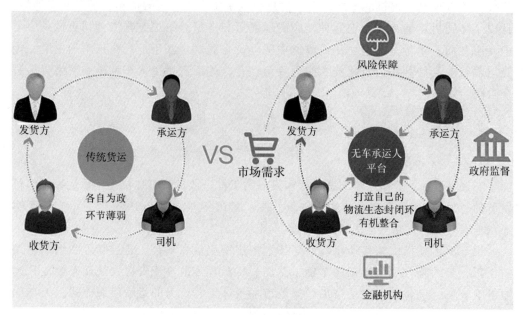

图2-1　传统货运与无车承运比较

（二）网络货运

无车承运人试点工作于2019年12月结束，取而代之的是网络货运平台。交通运输部、国家税务总局2019年9月6日发布的《网络平台道路货物运输经营管理暂行办法》（以下简称《办法》）指出，从2020年1月1日起，试点企业可按照《办法》规定要求，申请经营范围为"网络货运"的道路运输经营许可，县级负有道路运输监督管理职责的机构应按照《办法》，对符合相关条件要求的试点企业，换发道路运输经营许可证；未纳入交通运输部无车承运人试点范围的经营者，可按照《办法》申请经营许可，依法依规从事网络货运经营。无车承运正式更名为网络货运。

从大的方向来说，从无车承运到网络货运是一个进化的过程。网络货运平台具备的功能和信息更加完善。首先，网络货运平台必须具备信息发布、线上交易、全程监控、金融支付、咨询投诉、在线评价、查询统计、数据调取功能，八项缺一不可；其次，网络货运平台必须具备增值电信业务许可证，必须通过三级等保测评。

1. 网络货运平台的主要服务内容

网络货运平台通过整合物流资源，提供一站式物流服务，提高物流效率和服务质量，降低物流成本，为货主和物流企业提供更加便捷、高效、安全的物流服务。其主要服务内容包含以下方面：

（1）运输服务。网络货运平台为货主和物流企业提供整车、零担、专线等多种运输服务，包括公路、铁路、水路、航空等多种运输方式。

（2）物流信息服务。网络货运平台通过互联网技术，为货主和物流企业提供货物追踪、运输进度查询、订单管理等物流信息服务，方便货主和物流企业实时掌握货物运输情况。

（3）运费结算服务。网络货运平台为货主和物流企业提供运费结算服务，包括运费计算、支付、结算等，提高运费结算的效率和准确性。

（4）保险服务。网络货运平台为货主和物流企业提供货物保险服务，保障货物在运输过程中的安全。

（5）增值服务。网络货运平台为货主和物流企业提供增值服务，如货物包装、装卸、仓储等，提高物流服务的附加值。

2. 网络货运平台的主要盈利模式

不同网络货运平台会根据自身的特点和市场的需求，选择不同的盈利模式，市场常见的网络货运平台盈利模式主要有以下几种：

（1）运费差价。网络货运平台可以通过整合运输资源，优化运输路线，降低运输成本，从而获得运费差价的收益。

（2）服务费用。网络货运平台可以向货主和物流企业提供运输计划制订、运输调度、货物跟踪、运费结算等一系列服务，并收取相应的服务费用。

（3）数据分析和增值服务。网络货运平台可以通过对运输数据的分析和挖掘，为货主和物流企业提供数据分析和增值服务，如运输优化建议、市场预测等，并收取相应的费用。

（4）广告和推广费用。网络货运平台可以通过向货主和物流企业提供广告和推广服务，获得相应的广告和推广费用。

（5）金融服务。网络货运平台可以为货主和物流企业提供金融服务，如运费融资、保险等，并收取相应的服务费用。

3. 常见的网络货运平台

（1）货拉拉。货拉拉是一家拉货搬家跑腿发长途平台，创立于2013年，成长于粤港澳大湾区，是从事同城/跨城货运、企业物流服务、搬家、零担、跑腿、冷运、汽车租售及车后市场服务的互联网物流商城。通过共享模式整合社会运力资源，货拉拉完成海量运力储备，并依托移动互联网、大数据和人工智能技术，搭建"方便、科技、可靠"的货运平台，实现多种车型的即时智能调度，为个人、商户及企业提供高效的物流解决方案。截至2024年6月，货拉拉业务范围覆盖全球11个市场，包括中国及东南亚、南亚、南美洲等地区，其中中国内地总共覆盖363座城市，月活司机数量达100万人，月活用户数量达1350万人。

（2）满帮。满帮是中国领先的数字货运平台之一，由两家公路干线货运平台——运满满和货车帮于2017年合并而成，在贵阳、南京、北京、上海等地多中心运营。作为一家"互联网+物流"的科技企业，满帮连接货车司机及货主双端用户，将大数据、云计算、人工智能技术引入物流行业，不但解决了长久以来货运领域运力分散、供需不匹配、信息不透明等问题，而且通过重构货运物流链条，实现了线上信息广泛互联、线下资源优化配置、线上线下协同联动，全面提升社会物流效率，成为促进公路物流提质增效、助力实体经济发展的新动力。

（3）路歌。合肥维天运通信息科技股份有限公司（品牌名"路歌"），成立于2010年，是国内领先的全链路数字货运服务商，致力于通过创新的技术应用和服务模式打造良性货运生态圈。公司旗下拥有4个研发基地、20余家分子公司，服务网络覆盖全国。

公司业务面向货运行业各个参与方，为物流企业、货主企业等托运方以及货车司机提供数字货运服务及解决方案，现已形成"全链路数字货运、'卡友地带'及货车司机会员服务"的业务布局。公司通过数字化运力采购、数字化业务运作、数字化财务结算，帮助物流企业改造运输作业全流程，并通过持续的数字化运营，实现物流企业内部以及物流企业与上游货主、下游司机等产业链多方角色的线上化、数字化协同，实现全链路的数字化转型；同时沉淀运输作业数据，帮助物流企业提升经营管理水平以及面向上游货主的数字化交付能力，进而推动产业链、供应链提质增效。截至2024年6月，公司数字货运业务已累计服务超过15000家托运方企业，平台累计完成托运订单超过5100万份，月均线上交易额约30亿元。

（三）数字化运输线路规划

货物运输中运输线路有些时候是固定的，有些时候是非固定的。对于固定线路，每次的线路基本是一样的，没有变化或只有很少的变化。这样的配送线路，在没有大的变动的情况下，通常做一次线路规划就可以了。而对于非固定线路，因为客户的随机性较大，每次运输前都需要对运输线路进行规划。传统运输中，运输线路的规划主要依靠人工安排，现在借助信息化技术，可以将常用的线路规划方法植入信息系统中，由系统根据方法自行计算最优路径。

现常用的线路规划方法有Dijkstra算法、蚁群算法和A*算法。

1. Dijkstra算法

迪杰斯特拉（Dijkstra）算法是由荷兰计算机科学家迪杰斯特拉于1959年提出的，是从一个顶点到其余各顶点的最短路径算法，解决的是有权图中最短路径问题。迪杰斯特拉算法的主要特点是从起始点开始，采用贪心算法的策略，每次遍历到起始点距离最近且未访问过的顶点的邻接节点，直到扩展到终点为止。

2. 蚁群算法

蚁群算法是一种用来寻找优化路径的概率型算法。它由Marco Dorigo于1992年在他的博士论文中提出，其灵感来源于蚂蚁在寻找食物过程中发现路径的行为。这种算法具有分布计算、信息正反馈和启发式搜索的特征,本质上是进化算法中的一种启发式全局优化算法。

3. A*算法

A*算法,也称A星算法,是一种启发式搜索算法。它在图形平面上进行搜索,寻找从起始点到终点的最短路径。该算法结合了广度优先搜索(Breadth-First Search,BFS)和最佳优先搜索(Best-First Search,BFS)的特点,通过使用启发式函数评估节点的重要性,优先选择最有希望达到目标节点的节点进行扩展,从而有效地缩小搜索范围。

三、数字化运输运营管理

数字化运输运营管理是物流企业提升核心竞争力的必要手段,它可以帮助企业实现运输业务的数字化转型,提高效率、降低成本、提升服务质量和增强管理能力,为企业的发展和创新提供有力的支撑。企业在实际运营过程中,实现数字化运输运营管理的主要手段就是依靠TMS(Transportation Management System),即运输管理系统。TMS是一种利用计算机技术和网络通信技术,对运输过程进行管理和优化的信息系统,它将信息技术与运输业务流程相结合,实现了运输过程的可视化、可控化和优化。

(一)TMS的主要应用场景

(1)运输计划制订和调度。TMS可以帮助企业制订运输计划,优化运输路线和运输方式,提高运输效率和降低成本。

(2)运输跟踪和监控。TMS可以实时跟踪运输车辆的位置和状态,提供运输过程中的实时信息,方便企业和客户随时了解货物的运输情况。

(3)运费管理。TMS可以帮助企业管理运费,包括计算运费、计费、开票等,提高运费管理的效率和准确性。

(4)报表和分析。TMS可以提供各种运输报表和分析,帮助企业了解运输业务的运营情况和绩效指标,为决策提供数据支持。

(5)客户服务。TMS可以提供客户服务功能,包括查询货物运输情况、投诉处理等,提高客户满意度。

总之,TMS可以帮助物流企业实现运输业务的数字化、自动化和智能化,提高运输效率、降低成本、提升客户满意度,是物流企业提升竞争力的重要手段之一。

(二)TMS的特点和优势

(1)提高效率。TMS可以实现订单管理、运输计划、调度安排、运输跟踪等功能的自动化和集成化,减少人工干预和错误,从而提高运输效率和准确性。

（2）降低成本。TMS可以通过优化运输路线、合理调配车辆、降低空载率等方式，降低运输成本和能耗，从而提高运输效益和竞争力。

（3）提升服务质量。TMS可以实现对运输过程的实时监控和反馈，及时处理异常情况，从而提高客户满意度和忠诚度。

（4）增强管理能力。TMS可以提供丰富的统计分析和报表功能，帮助企业了解运输业务的运营情况和绩效指标，为决策提供数据支持。

（三）TMS的工作流程

TMS基于运输业务开展的一般流程，将信息技术与运输业务流程相结合，实现了运输全过程的可视化、可控化和优化。其主要工作流程分为以下几部分：

1. 订单管理

TMS接收和管理客户的运输订单。这些订单可以来自各种渠道，如电子商务平台、企业资源计划（ERP）系统或手动输入。TMS会记录订单的详细信息，包括发货地、目的地，以及货物类型、数量、运输要求等。

2. 制订运输计划

根据订单信息，TMS会制订运输计划。这包括选择合适的运输方式（如陆运、空运、海运）、安排运输路线、确定运输时间和预计到达时间。系统会考虑各种因素，如运输成本、运输时间、运输能力等，以优化运输计划。

3. 调度安排

在运输计划确定后，TMS会进行调度安排。这包括为运输任务分配合适的车辆或运输工具，并安排驾驶员或操作人员。系统会考虑车辆的可用性、驾驶员的工作时间和资质等因素，以确保任务能够按时完成。

4. 运输执行

驾驶员或操作人员根据调度安排执行运输任务。TMS可以提供实时的导航和路径规划，以帮助他们高效地完成任务。系统还可以跟踪车辆的位置和运输进度，提供实时的运输状态给相关方。

5. 运输跟踪

在运输过程中，TMS会持续跟踪货物的位置和运输进度。客户和物流管理人员可以通过系统实时查询货物的位置和预计到达时间。这提供了更好的可见性和客户服务。

6. 运费管理

TMS可以管理运输费用。它可以计算运费、生成运费账单，并进行运费结算。

系统可以与财务系统集成，以确保运费的准确记录和支付。

7. 报表和分析报告

TMS可以生成各种运输报表和分析报告，如运输绩效指标、运输成本分析报告、货物运输历史记录等。这些报表和分析报告有助于企业评估运输业务的绩效，识别改进的机会，并做出决策。

8. 客户服务

TMS可以提供客户服务功能，如查询货物运输状态、投诉处理等。系统可以与客户关系管理（CRM）系统集成，以提供更好的客户支持和沟通。

任务实施

「步骤1」自由组合，2~3人一组，上网搜索几家网络货运平台，并比较其优劣势。

「步骤2」利用小程序或App，浏览"货拉拉"货运平台界面，了解平台业务功能。

「步骤3」按小王业务需求的货物类型及目的地特点，各小组自行拟定运输需求信息，在平台上完善并发布运输需求。

「步骤4」平台派单后，主动与司机取得联系，了解运输业务收费标准及服务标准。

「步骤5」将操作关键步骤记录下来，形成流程图。

任务评价

教师对各组进行综合评价，参见表2-6。

表2-6 数字化运输服务分析评价表

序号	评价内容	分值	得分	自我评价
1	货运平台优劣势分析透彻	20		
2	App或小程序介绍全面	20		
3	不同平台事项与费用了解透彻	30		
4	操作流程图绘制清晰完整	20		
5	团队分工明确、有效合作	10		
	合计	100		

任务二　数字化仓配业务运营

  任务描述

小李刚入职一家电商公司，该公司主要经营生活洗护用品的B2C业务。现在公司因业务发展需要，计划集中精力做好销售业务，所以想把仓储和配送业务外包出去。经理找到小李，让小李根据公司业务情况，寻找适合的仓配服务企业和仓配服务模式，并针对公司货物销售数据情况，确定相应的仓配服务要求，与仓配服务企业签订合同。

  任务要求

（1）寻找当地的仓配服务企业，并分析其可提供的仓配服务业务内容。
（2）根据电商公司自身情况，分析所需仓配服务模式。
（3）根据销售数据情况，确定仓配服务要求。
（4）拟定仓配服务合同。

一、数字化仓配运营认知

（一）仓配服务

随着社会经济的发展，消费者对产品时效性的要求越来越高，由于仓储需要大面积场地与专业化操作，而配送又需要全面的网络覆盖与大量运输工具，一直以来企业产品的仓储及配送成本居高不下。生产企业以降低仓储及配送成本、减少失销的损失、提升顾客购买体验为目的，将仓储管理和物流配送两大环节进行有机结合，形成一套高效、协同的供应链解决方案——仓配一体化服务。

具体来说，仓配一体化服务是通过整合仓储和配送资源，实现信息互通和无缝对接。服务商负责整个物流过程的管理和控制，包括装卸、检验、上架、储存、分拣、包装、盘点、再加工、代发货、配送以及售后等环节，提供一整套的物流服务。

这种服务模式旨在帮助企业解决仓储和配送过程中的烦琐事务，让企业能更专注于自身核心业务。仓配一体化有助于实现企业物流业务的综合管理和控制，提高整个物流流程的效率和准确度，是一种高效的供应链管理模式。

仓储是生产力发展的产物，随着人们制造和生产的物资越来越丰富，出现了剩余产品，就产生了对物品进行仓储的需求。传统仓储主要针对仓内各类物资的入库、储存和出库任务；而现代仓储在传统仓储的基础上增加了库内的加工、分拣组合、包装、装卸搬运等各项增值服务功能，并将货物直接送到客户手中，进而形成了配送业务环节。

随着信息化和数字化的发展，仓储和配送的衔接越来越紧密，很多现代化的仓库既具备仓储能力又具备配送能力，并且能形成统一的信息流，使得数字化仓配一体化运营成为一种高效的物流服务模式（见图2-2）。

图 2-2　仓配一体化示意图

（二）仓配服务的主要内容

根据仓配服务的形式，仓配服务的内容包含仓库管理、仓内运营和配送三类业务，具体的工作内容包含以下几个方面：

1. 仓库的选址与建设

仓配一体的仓库需要考虑配送网络的覆盖范围及运输距离，因此仓库选址很关键。仓库选址除了会影响物流效率和质量，还会直接影响运营的成本。一般而言，仓库选址需要明确下面几项内容。

（1）面积。这是仓库选址的最基本参数，所选仓库是否能满足日常作业要求的面积，是仓库选址的第一标准。仓库的建筑面积与结构、库内平面布置与作业区域划分等都与仓库可用面积大小息息相关。

（2）层高。不同的仓库，建设的层高要求不同，在仓库建设时还需要明确业务对于层高是否有要求。如果没有层高要求，在成本相同或相近的情况下，也应该尽可能选择较高的仓库，这样可以增加利用空间，对拓展库位有一定好处。

（3）装卸平台的要求。仓配业务涉及的货物是重货还是轻货、是整托运输还是周转箱运输、卸货方式是哪种、是否需要叉车设备等问题，都关系到仓库装卸平台的选择。根据上述问题，选择高台库或是平库。

（4）库外场地的要求。仓配一体仓库的运营离不了运输车辆接送货物，这些车辆都需要在仓库停留，因此需要对业务量进行分析之后，为仓库外的车辆使用场地确定一个参数。可以根据库房的吞吐量，评估预计的车辆数量，包括同时在库的车辆数量、高峰期和低谷期的车辆数量、卸货位数量、停车位数量等，这些数据都要在确认库外场地时确定。

（5）仓库出入口数量。依据货物吞吐量，确认所需的入货口和出货口数量，保证货物进出的顺畅，避免因出入口数量不足而导致仓库运营效率低下。

（6）库内地面承重能力要求。对于超重类货物的操作，需要考虑库内地面的承重能力，如果承重能力不足，则无法满足运营要求，地面容易损毁，影响仓库运营。计算库内地面承重能力时，不仅需要计算货物的重量，还需要加上设施设备的重量，如叉车、货架等。

（7）仓库到服务区内各服务点的距离。选择到服务区内各服务点的总距离最短的仓库，或者配送成本最低的仓库，考虑成本时不仅要结合配送距离，还要考虑配送货物的重量。这是进行仓库布局时要考虑的关键因素，因为其直接关乎配送的效率和成本。

2. 仓库设备的选择与配置

正确选择和配置仓库设备可以提高物流存储和流转效率，减少人力资源投入，提升整体物流运营效益。常见的仓库设备有以下几种：

（1）货架。货架是仓库设备中较常见的一种，主要用来存储和管理各类货物。在选择货架时，需要考虑存储货物的特性、货物尺寸和重量、仓库空间以及货物的存取方式、存取频率等因素，综合确定所需货架类型。

（2）输送设备。输送设备用于将货物在仓库内进行运输和流转，常见的输送设备包括滚筒输送机、链式输送机等。输送设备的选择需要考虑货物特性、仓内运输距离、运输效率等因素。

（3）拣选设备。拣选设备用于仓库内的订单拣货和分货，常见的拣选设备有自动化拣货系统、快速分拣系统等。拣选设备的选择需要考虑订单特性、拣货效率、自动化程度等因素。

（4）搬运设备。搬运设备用于货物在仓内短距离的垂直或水平转移，常见的搬运设备有地牛、叉车、堆高机等。需要考虑货物特性、货架高度、搬运距离等因素综合确定搬运设备的类型和数量。

3. 仓库布局

合理的仓库布局可以优化物流运营流程，提高工作效率。一般仓库内提供仓配服务的区域有存储区、拣选区、出入库区、设备存放区、通道、工作区等。布局时需要考虑货物的流向和仓内工作流程，以便进行整体规划，确保货物的流转路径合理高效；同时需要在各区域内配备相应的设施设备，提高存储和流转效率。

4. 仓库业务管理

（1）物品入库管理。仓库管理人员根据入库单对物品进行验收，确保货物数量、质量、规格等信息与采购订单相符。对于不合格的物品，需要及时进行处理，并且按照实际情况调整库存信息。

（2）物品保管与保养。仓库管理人员需要采取一些措施，确保存储物品的安全、完整和有效。仓库管理人员需要定期检查存储环境，如温度、湿度、清洁度等，以确保物品不受损坏；同时，还需要根据物品的特性进行分类保管，以便快速检索和出库。

（3）物品出库管理。仓库管理人员需要根据出库单对物品进行核对和发放。在出库时，需要确保物品的数量、质量、规格等信息与出库单相符，并按照规定的程序进行物品的包装、标记和运输等工作。

（4）库存盘点与调整。仓库管理人员需定期进行库存盘点，以确保库存信息的准确性。在盘点过程中，如果发现实际库存与账面库存不符，仓库管理人员需要及时进行调整，并找出原因，防止类似问题再次发生。

（5）仓库设施与设备管理。仓库管理人员需对仓库的设施和设备进行定期检查和维护，以确保其正常运转。对于一些重要的设施和设备，仓库管理人员还需进行定期的保养和维修，以确保其长期稳定的使用效果。

5. 库存管理

库存是指那些被储存以备今后按预定目标使用，现在处于闲置或非生产状态的物品。广义的库存还包括那些处于制造加工状态和运输状态的物品。仓库为了满足生产部门或者客户的需要，必须保持一定数量的物品库存，库存不足会造成供货不及时、供应链断裂，丧失销售机会进而形成损失；库存过剩会造成物品积压和库存风险，也会增加库存成本和仓库维持成本。因此，合理有效的库存管理是仓储管理的重中之重。

库存管理的方法与技术手段既包括传统的定量订货法和定期订货法，还包括现代的 JIT 订货法、MRP 技术、电子商务订货技术等。传统订货法与现代订货法存在一定的区别。

传统订货法是基于库存的订货方法，目的是保证库存，其与需求之间的关系不是很密切，主要是为了应对意外事件（如订货提前期）而不得不准备一定水平的安全库存。这种订货法下的库存水平较高，容易形成高额的库存持有成本。

现代订货法是基于需求的订货方法，目的是最大限度地满足需求并保持最低的库存持有成本。这种订货法对供应链上下游企业之间数据的及时传递有较高的要求，JIT 订货法甚至可以实现零库存。

6. 配送业务管理

配送是"配"和"送"有机结合的形式。配送与一般送货的重要区别在于，配送通过有效的分拣、配货等理货工作，使送货达到一定的规模，以利用规模优势实现较低的送货成本。

配送业务主要由集货、分拣、配货、配装、配送运输、送达服务等业务构成。

（三）仓配服务的主要模式

企业主要根据自身业务和经营产品的不同需求来选择仓配服务供应商，仓配服务供应商主要有以下几种服务模式：

1. 仓配一体服务：仓库+仓内运营+配送

该模式下，供应商可为企业提供仓库租赁或选址建设服务，同时承揽仓内货物运营管理的业务，有效接入企业订单，直接从仓内按企业订单发货、配送，同时供应商定期返回物品的销售数据，帮助企业做销售预测或分析，提供生产建议；企业则可以全身心投入生产，不需要过度关注物流业务的情况。这种模式适合较大的生产制造企业，特别是其有经销商订单、直接客户订单的情况。

2. 仓储运营服务：仓库+仓内运营

该模式下，供应商只提供仓库租赁或选址建设服务，对物品提供仓内的管理服务，保证物品在仓库内的安全。供应商只需要按照企业的要求，在指定时间备好货物准备出入库即可，货物出入库所需的运输业务则由企业自行负责。此模式适合以经销商为主要销售模式的生产制造企业，或者拥有自有运力的企业。

3. 仓库租赁服务

该模式下，仓库一般由供应商提供，企业与供应商签订租赁协议，供应商为企业提供符合其要求的仓储条件；可根据租赁协议，选择是否配备相应的仓储设施设备。该模式主要集中在仓库及设施设备的租赁使用。该模式适合自己有物流管理部门，可以负责仓储业务和配送业务，但没有仓储条件的企业。

4. 仓内运营及配送服务

该模式下，仓库由企业自行提供，供应商只负责进行库内物品的管理及出入库业务，同时按照企业订单需求，及时完成配送业务。此模式适合拥有自有仓库，但是仓储和配送能力较弱的企业。

5. 仓内托管服务

该模式下，供应商一般只为企业提供出入库及物品库内管理的业务，即负责仓储的核心实际业务，比较适合拥有自有仓库，但是管理效率低下的企业。

二、仓配服务设施设备应用

（一）仓库的种类

仓库是从事货物出入库、储存、包装、分拣、流通加工等物流作业的节点设施。社会生产中需要各种各样的仓库，它们结构形态各异，服务范围和对象也有较大的差异。根据不同的标准，仓库可以分为不同的类型。

1. 按营运方式不同划分

（1）自营仓库。自营仓库是指由企业或各类组织自营自管，为自身提供储存服务的仓库。仓库的建设、物品的储存管理以及物品出入库等业务均由企业自己负责。自营仓库保管物品的种类、数量相对确定，仓库结构和装卸设备也与之配套。

（2）公共仓库。公共仓库是指面向社会提供物品存储管理服务，并收取费用的仓库。它是一种社会化的仓库，面向社会，以经营为手段，以盈利为目的。与自营仓库比，公共仓库的使用效率更高。

2. 按建筑结构不同划分

（1）平房仓库。平房仓库结构较为简单，建筑费用相对较低，人工操作比较方便（见图2-3）。

图 2-3　平房仓库

（2）楼房仓库。楼房仓库是指两层以上的仓库，它可以减少土地的占用面积（见图2-4）。物品上下移动作业复杂，进出库作业可采用机械化或半机械化方式，楼房隔层间可依靠垂直运输机械连接，也可以用坡道相连。

图 2-4　楼房仓库

（3）简易仓库。简易仓库一般构造相对简单，造价低廉，大多是在仓库不足而又不能及时建库的情况下临时采用，包括一些固定或活动的简易货棚等（见图2-5）。

图2-5　简易仓库

（4）罐式仓库。罐式仓库的构造较为特殊，呈球形或柱形，主要用来储存石油、天然气和液体化工品等货物（见图2-6）。

图2-6　罐式仓库

（5）高层货架仓库。高层货架仓库建筑物本身是平房结构，但是高层棚的顶很高，内部设施层数较多，具有可保管10层以上的托盘的仓库棚。在作业方面，高层货架仓库主要使用计算机控制，堆垛机、吊机等装卸机械自动运转，能实现机械化和自动化操作，因此也称为自动化仓库或无人仓（见图2-7）。

图 2-7　高层货架仓库

3. 按仓库的功能不同划分

现代物流管理力求进货与发货同期化，使仓库管理从静态管理转变为动态管理，仓库的功能也随之改变，这些新型仓库按照新的物流要求，可以分为以下几种类型：

（1）集货中心。将零星物品集中成批量物品称为集货。集货中心可设在生产点数量较多，但是每个生产点产量有限的地区；只要这一地区某些物品的总产量达到一定水平，就可以设置这种有集货作用的物流据点。

（2）分货中心。将大批量运到的物品分成批量较小的物品称为分货。分货中心是主要从事分货工作的物流据点。企业可以采用大规模包装、集装货散装的方式将物品运到分货中心，然后根据企业生产或销售的需要进行分装。利用分货中心，企业可以有效降低运输成本。

（3）转运中心。转运中心的主要工作是承担物品在不同运输方式之间的转运。转运中心可以进行两种运输方式的转运，也可以进行多种运输方式的转运，在名称上有的称为卡车转运中心，有的称为火车转运中心，还有的称为综合转运中心。

（4）加工中心。加工中心的主要工作是进行流通加工。设置在供应地的加工中心进行以物流为主要目标的加工，设置在消费地的加工中心进行以实现销售、强化服务为主要目标的加工。

（5）储调中心。储调中心以储备工作为主，其功能与传统仓库基本一致。

（6）配送中心。配送中心是从事配送业务，而且具有完善的信息网络的场所或组织。配送中心应基本符合下列要求：为特定客户或末端客户提供服务；配送功能健全；辐射范围小；提供高频率、小批量、多批次配送服务。

（二）存货设备

存货设备主要是货架，货架是指用立柱、隔板或横梁等组成的储存物品的立体设施。货架在仓储中占有非常重要的地位。为改善仓储环境和条件，企业不仅要配备一定数量的货架，而且货架还要具有多种功能，能满足实现机械化、自动化的要求。常见的货架类型有以下几种：

1. 轻型货架

轻型货架用优质钢板制造，表面采用静电喷涂处理，防腐、防锈，坚固美观。货架承重1000~2500 N/货格，其各种规格及承重设计可满足工厂、仓库、装配线、超市仓储的使用要求。轻型货架还可组成平台使用，适合储存轻型散件货物或作为超市货架使用。

轻型货架的特点是通过插接方式组装，安装拆卸方便，用途广泛。钢层板可上下任意调节，满足多种使用要求（见图2-8）。

图2-8　轻型货架

2. 中型货架

（1）中型挂板式货架。采用优质冷轧板冲压成型，经磷化处理粉末喷涂而成。结构合理，坚实耐用，每个货格可承重5000 N。可随意组合，拆装方便，能充分利用空间，层高可自由调节，适合中型仓库使用。

中型挂板式货架的特点是：货格连接形式为插接式连接，除顶层和底层不可调节外，层与层之间的高度可按物品的尺寸任意调节，节省仓储空间；货架表面经过防腐防锈处理，坚固实用（见图2-9）。

（2）中型挂梁式货架。横梁与立柱之间的拉力及侧面斜支撑与横支撑的作用增强了货架的坚固性和稳定性，每个货格在均匀分布状态下可承重4000~8000 N。货架的两个立柱之间由横梁连接，隔板铺设在横梁上，因此比挂板式货架具有更大的载重量。主、副架的连接形式可节省空间和费用，横梁之间可铺设纵梁隔网及各种隔板。隔板可以是钢板、木板、中密度纤维板等。

中型挂梁式货架的特点是每层高度可以调节，货架的间距可随着摆放物品的大小任意调整，从而增加了存货的随意性和灵活性（见图2-10）。

图 2-9　中型挂板式货架

图 2-10　中型挂梁式货架

（3）中重型货架。结构简单，安装拆卸方便，视野宽阔，层距任意调节，主、副架连接使用，可增加货架的牢固度，节省投资。中重型货架适用于大中型仓储企业（见图 2-11）。

图 2-11　中重型货架

3. 重型货架

重型货架是使用最广泛的托盘类物品存储系统，有较强的通用性。货架沿仓库横方向分成若干排，其间有若干条巷道，供堆垛机、起重机、叉车或其他搬运机械运行。每排货架沿仓库纵方向分为若干列，在垂直方向又分为若干层，从而形成大量的货位，可以用托盘存储物品。

重型货架的特点是：每一托盘均能单独存入或移动，而不用移动其他托盘，可适用于各种类型的物品，可按物品尺寸要求调整横梁高度；配套设施较简单，成本也较低，能安装及拆除，物品装卸迅速。重型货架主要适用于整托盘出入库或大件物品的存放，能尽可能地利用仓库的上层空间（见图 2-12）。

图 2-12　重型货架

4. 驶入式货架

驶入式货架又称通廊型货架，是指可供叉车（或带货叉的无人搬运车）驶入并存取单元托盘物品的货架。驶入式货架是一种不以通道分割的、连续性的整栋式货架。在支撑导轨上，托盘按纵向存放，一个紧接着一个，这使得高密度存储成为可能。物品存储从货架同一侧进出，"先存后取，后存先取"。前移式叉车可方便地驶入货架中间存取物品。

驶入式货架投资成本相对较低，适用于空间横向尺寸较大，物品品种较少、数量较多且物品存取模式可预定的情况，常用来储存大批相同类型的物品。由于其存储密度大，地面空间利用率较高，常用在冷库等存储空间成本较高的地方。

驶入式货架的特点是可存储品种少而数量多的物品，每一开口一个品种。搬运车辆可以驶入内部选取物品，支撑结构稳妥，便于滑动，单位货位载荷2000~10000 N（见图2-13）。

图2-13 驶入式货架

5. 阁楼式货架

阁楼式货架的底层货架不但是保管物品的场所，而且是上层建筑承重梁的支撑，可设计成多层楼层（通常2~3层），配楼梯、扶手和物品提升电梯等。阁楼式货架适用于库房较高、物品较轻、人工存取、储货量较大的情况，也适用于现有旧仓库的技术改造，可提高仓库的空间利用率。其底层承重梁的跨距如果缩小，则建筑费用可大大降低（见图2-14）。

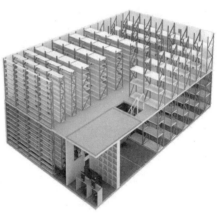

图 2-14　阁楼式货架

6. 流利式货架

使用流利式货架，物品从有坡度的滑道上端存入，当在低端取货时，物品借助重力自动下滑，可实现先进先出作业。流利式货架使用成本低，存储密度大，广泛用于超市、医药、化工和电子等行业。流利式货架的主要部件包括架体、滑轨、滚轮、滚轴等。这种货架在存放散货时可以很方便地为操作人员提供物品，提高生产流水线的工作效率（见图2-15）。

图 2-15　流利式货架

（三）取货设备

常见的取货设备有叉车、堆垛机、起重机等。这里着重介绍叉车。叉车是指具有各种叉具，能够对物品进行升降和移动以及装卸作业的搬运车辆。叉车是仓储装卸搬运机械中应用最广泛的一种,主要用于仓库内物品的装卸搬运,是一种既可用于短距离水平运输,又可堆、拆垛以及装卸卡车、铁路平板车的机械。在配置其他取物设施以后,叉车还能用于散货和各种规格品种物品的装卸作业。

叉车与其他搬运机械一样,能够减轻装卸工人繁重的体力劳动。除了能提高装卸效率,缩短车辆停留时间,降低装卸成本,叉车还有以下特点和用途:

(1) 机械化程度高。使用各种自动的取物装置或在货叉与货板配合使用的情况下,可以实现装卸工作的完全机械化,不需要工人的辅助体力劳动。

(2) 机动灵活性好。叉车外形尺寸小,重量轻,能在作业区域内任意调动,适应物品数量及货流方向的改变,可机动地与其他起重运输机械配合工作,提高机械的使用效率。

(3) 可以一机多用。在配合和使用各种取货装置如货叉、铲斗、臂架、吊杆、货夹、抓取器等的条件下,可以适应各种品种、形状和大小物品的装卸作业。

(四) 分拣、配货设备

分拣、配货设备包括托盘、分拣机械、搬运车等。

1. 托盘

托盘是指在运输、搬运和存储过程中,将物品规整为物品单元时,作为承载面并包括承载面上辅助结构件的装置。

托盘是作为一个单元负荷来放置物品和制品,用于集装、堆放、搬运和运输的水平台板装置。在台板上集装一定数量的单件物品,并按要求捆扎加固,组成一个运输单位,便于运输过程中适用机械进行装卸、搬运和堆存。这种台板有供叉车从下部插入并将台板托起的叉入口,以这种结构为基本结构的台板和在这种基本结构基础上形成的各种形式的集装器具统称托盘,托盘化运输对于提高物流生产效率非常重要。

托盘的特点有:搬运或出入库都可以用机械操作,减少了物品堆码作业次数,从而有利于提高运输效率,缩短货运时间,减轻劳动强度;以托盘为单位运输,便于点数、理货交接,还可以减少货损货差事故,投资比较少,受益比较快;托盘的回收利用、组织工作难度较大,会浪费一部分运力,托盘本身也占用一定的库容空间。

按照《洲际物料搬运的平板托盘——主要尺寸和公差》(ISO 6780:2003) 的规定,托盘主要有六种规格,即1200 mm×800 mm, 1200 mm×1000 mm, 1219 mm×1016mm, 1140 mm×1140 mm, 1100 mm×1100 mm, 1067 mm×1067 mm。我国优先推荐托盘规格为1200 mm×1000 mm和1100 mm×1100 mm两种。

2. 分拣设备

分拣是指将一批相同或不同的物品,按照不同的要求(如品种、发运的目的地、要货客户等)分别拣出以进行配送或发运。

随着经济和生产的发展,商品交易小批量、多批次的趋势渐趋明显,因此流通也趋于小批量、多品种和及时制。各类配送和货运中心的分拣任务十分艰巨,分拣系统成为一种重要的物流设施。

3. 搬运车

搬运车的主要作用是完成仓储过程中的装卸搬运活动，一般可分为人工搬运车和自动导引搬运车。搬运车适用于水平装卸搬运活动，具有灵活性强、使用方便的特点。

（1）人工搬运车。人工搬运车也称为手推车，根据其脚轮数量不同，可以分为二轮手推车和多轮手推车；根据其结构特点不同，可以分为立体多层式手推车、折叠式手推车、升降式手推车、附梯式手推车、物流笼车等。

（2）自动导引搬运车。自动导引搬运车也称自动导引车（Automatic Guided Vehicle，AGV），指在车体上装备有电磁学或光学等导引装置、计算机装置、安全保护装置，能够沿设定的路径自动行驶，具有物品移载功能的搬运车辆。它能够在一定位置进行物品的装载，自动行走到另一位置完成物品的卸载。

有轨制导车辆又称有轨穿梭车（Rail Guided Vehicle，RGV），是自动化仓储系统中的存取设备，可用于多个货位连续存放、单个货位存放和拣选。目前市场应用较多的RGV，承载质量在1.5吨左右，一般应用于横梁式货架、驶入式货架、自动化立体库。主流小车一次充电的续航能力一般在8小时以上，充电需要的时间为8小时左右。

RGV的特点是结构简单，便于维护。根据仓库规模和作业频率的需要，可选用多台RGV同时作业；控制系统可靠性较好，加速和移动速度较快，对外界环境的抗干扰能力强，停车位置准确，故障发生部位较少。小车通道可任意设计，在搬运和移动物品时不需要其他设备进入巷道，因而可以提高整个仓库的储存量，安全性也更高。但RGV只能沿着轨道运行，所以灵活性和对使用场所的适应性比AGV差。

智慧型引导运输车（Intelligent Guided Vehicle，IGV），属于自动存取搬运设备。与传统的AGV相比，使用IGV无须铺设磁条，无须借助任何标记物行驶，并且路径灵活多变，可根据生产实际需求灵活调度。IGV在精度、安全性、环境、柔性化等方面都达到了较高水平，因此适用于对柔性化管理要求更高的应用场景，例如3C电子制造等行业。

三、数字化仓配运营管理

（一）数字化仓配运营概念

数字化仓配运营是指利用现代信息技术和智能化设备，对仓储管理、库存控制、货物运输等环节进行全面的数字化升级和优化，以提高仓储管理效率和精准度，降低成本，提升企业竞争力的全新运营模式。数字化仓配运营涉及多个方面，包括仓库布局、库存管理、货物装卸、订单处理等环节。

（二）数字化仓配运营的优势

（1）提高仓储运营效率。通过数字化技术的应用，可以实现仓库自动化、智能化管理，降低人工成本，提高仓库运营效率。

（2）减少错误。利用数字化技术处理订单和货物信息可以避免人为错误，提高订单准确率和货物配送准时率。

（3）精准库存控制。数字化仓配运营可以实时监控库存情况，及时调整库存量，避免库存积压和缺货情况的发生。

（4）提升客户体验。数字化仓配运营可以提高订单处理速度，快速响应客户需求，提升客户满意度和忠诚度。

（三）数字化仓配管理系统

1. 仓库管理系统

仓库管理系统（Warehouse Management System，WMS），是一个实时的计算机软件系统，用于管理和控制仓库的各项业务，以提高仓库的运作效率和准确性。WMS集成了入库、出库、库内管理、盘点、补货以及报损等各项功能，能够对仓库业务进行全方位的控制和跟踪。它具备到库提醒、智能推荐上架库位、自动规划拣货路线、实时查看库存情况等基础功能，并且可以与物流运输系统集成，实现对运输过程的监控和管理。

（1）WMS的功能。

仓库管理系统的主要功能包括以下方面：

① 入库管理。跟踪和记录所有入库货物的信息，包括到货时间、数量、供应商等，帮助仓库工作人员快速准确地将货物放置到合适的位置，并生成相应的入库报告。

② 出库管理。根据订单信息和库存情况自动规划和优化出库流程，指导工作人员按照正确的顺序和方式拣选，并生成出库报告。

③ 库存管理。实时跟踪和管理仓库内的库存情况，提供准确的库存数量和位置信息，帮助仓库管理人员及时补充货物，避免库存过剩或缺货的情况。

④ 货位管理。对仓库内的货位进行管理和优化，根据货物属性和需求自动分配合适的货位，并记录货物的具体位置，提高货物的存储密度和检索效率。

此外，WMS还具备数据分析和报告功能，能够帮助仓库管理人员了解仓库的运作情况，发现问题和改进空间。总之，WMS通过自动化和优化仓库操作，减少了人为错误和成本，提升了客户满意度和竞争力。

（2）WMS的作用。

仓库管理系统是一个用于管理和控制仓库操作的软件系统，它通过自动化和优化仓库内的各项业务，提高了仓库的运作效率和准确性。WMS的主要作用包括以下方面：

① 扫描货物并智能分类。通过扫描货物标签，记录货物数据，并根据标签对货物进行智能分类，便于后续查找和盘点。

② 规划路径。智能检测和规划路径，指明具体路线，提高工作人员寻找货位的效率。

③ 出货辅助。帮助完成智能检测，给出更优的出货方式，优化出货流程。

④ 提升仓库管理水平。通过入库管理、出库管理、库存管理、货位管理、运输管理以及数据分析和报告等功能，全面提升仓库的管理水平。

（3）WMS未来发展方向。

① 智能化与自动化趋势。WMS的智能化和自动化水平进一步提升。物联网（IoT）、大数据、人工智能（AI）等技术的应用，使得WMS能够实现货物的实时监控、智能分拣、智能配货等操作，极大提高了仓库管理的效率和精确度。例如，基于RFID技术的WMS可以自动识别货物信息，实现快速入库和出库；基于AI的WMS则可以根据历史数据和实时信息，智能预测库存需求，优化库存分配。

② 云化与移动化趋势。云化和移动化也是WMS的重要发展趋势。云化WMS能够实现系统的云端化管理和数据共享，使得企业可以随时随地访问仓库管理数据，提高了管理的灵活性和便捷性。同时，移动化WMS使得用户可以通过移动设备进行操作和查询，进一步提高了工作效率。

③ 集成化与互联互通。随着企业信息化程度的提高，WMS与其他系统的集成与互联互通变得尤为重要。WMS需要与ERP（企业资源计划）、SCM（供应链管理）等系统实现无缝对接，实现数据的共享和交换，提高整个供应链的效率。这种集成化和互联互通不仅有助于企业实现信息的全面整合和统一管理，还能够降低沟通成本，提高协作效率。

④ 定制化与个性化。随着市场的不断变化和企业需求的多样化，WMS也更加注重定制化和个性化。企业可以根据自身的业务需求、仓库规模和管理模式等因素，选择适合自己的WMS，并进行相应的定制和优化。这种定制化和个性化的服务能够更好地满足企业的实际需求，提高系统的实用性和适用性。

2. 配送管理系统

配送管理系统是一种专门用于管理配送活动的软件平台，它整合了订单管理、仓储管理、车辆调度、路线优化、实时跟踪等功能，实现对配送全过程的智能化管理。该系统的核心目标是提高配送效率、降低运营成本、提升客户满意度，并为决策提供数据支持。配送管理系统可以是更大供应链管理（SCM）系统的一部分，能够充分利用数据、信息、知识等资源，实施物流业务、控制物流流程、支持物流决策、实现物流信息共享。通过配送管理系统，企业可以实现资源的最优配置，确保货运合规，并建立适当的归档，从而提高业务的效率和决策的科学性。

（1）配送管理系统的主要功能。

配送管理系统的主要功能包括以下方面：

① 订单管理。自动接收、处理和分配订单，确保订单信息的准确性和及时性，包括订单录入、分配、跟踪和异常处理。

② 仓储管理。实时监控库存情况，提供库存预警和补货建议，包括库存管理、入库管理、出库管理和仓位管理。

③ 车辆调度。通过智能调度算法，合理安排配送车辆和司机，优化配送路径，提高配送效率，包括车辆管理、司机管理、调度算法和路径优化。

④ 实时跟踪。通过GPS和物联网技术，实现对配送全过程的实时监控，包括位置跟踪。

此外，配送管理系统还可能包括客户服务、配送统计查询、员工权限管控等其他功能。

（2）配送管理系统的作用。

配送管理系统在现代商业活动中扮演着至关重要的角色，其作用主要体现在以下方面：

① 提高运输效率，降低成本。通过智能化的计划和调度，实现货物的快速运输和送达，同时优化路线、降低空载率、提高装载率，从而降低物流配送的成本。

② 降低库存成本，缩短货物周转周期。实时监控库存情况，提供库存预警和补货建议，确保货物的存储和流转高效有序。

③ 提高订单准时交付率，提升客户满意度。便捷、高效的物流配送系统可以保障商品及时送达，提高客户的满意度。

④ 优化路线规划，减少环境污染。通过智能调度算法，合理安排配送车辆和司机，优化配送路径，从而减少配送过程中的碳排放。

配送管理系统对于提高物流效率、降低成本、提升客户满意度以及实现可持续发展具有重要意义。

3. 数字化仓配运营数据分析及应用

数字化仓配运营数据分析及应用的核心在于利用大数据分析技术，优化仓库管理和物流配送，以提高效率、降低成本并提升客户满意度。

（1）数据的种类。

数字化仓配运营的数据种类主要包括以下几类：

① 入库数据。包括货物的名称、数量、规格、质量等信息，用于记录货物进入仓库的详细情况。

② 出库数据。涵盖货物的出库时间、目的地、运输方式等，用于追踪货物离开仓库后的流向。

③ 库存数据。反映仓库中各类货物的当前库存量，是仓库管理的重要依据。

④ 货物追踪数据：记录货物从进入仓库到出库的整个流程，确保货物的可追溯性。

⑤ 损耗数据。统计货物在仓库存储过程中的损耗情况，用于优化库存管理。

（2）数据分析的内容。

数字化仓配运营的数据分析主要包括以下方面：

① 库存数据分析。分析库存总量、库存结构及库存周转率，旨在了解各类商品的库存情况，预测未来库存需求，确定最佳库存水平，以降低库存成本并避免积压。

② 仓库性能指标分析。评估仓库的运营状况，包括订单处理速度、错误率，货物存储的空间利用率，以及货物拣选的速度和准确性等指标，以优化仓库作业效率和质量。

③ 物品分类分析。采用 ABC 分析和 EIQ 分析等核心的数据分析方法，解决仓储中的分类问题，制定分拣作业方式，提升仓储作业效率。

（3）数据应用场景。

数字化仓配运营的数据应用场景广泛，主要包括以下方面：

① 库存管理。通过实时数据监控库存水平，优化库存结构，提高库存周转率，降低库存成本。

② 仓库作业优化。利用数据分析优化仓库作业流程，如订单处理、货物拣选、包装和发货等，提高作业效率和质量。

③ 物流追踪。通过 GPS、GIS 等技术实时追踪物流信息，监控车辆运输状态，提高物流透明度和可追溯性。

④ 智能调度。根据车辆装载、车型、配送区域等条件，自动完成线路规划和司机匹配，提高调度效率。

⑤ 预警管理。通过多维度监控和预警推送，及时发现并解决问题，降低运营风险。

任务实施

「步骤1」自由组合，2~3人一组。

「步骤2」搜索洗护用品种类，成立一家虚拟公司，拟定洗护用品经营范围及模式。

「步骤3」结合公司业务需求特点，制作仓配服务模式报告。

「步骤4」利用网络销售平台数据或本地超市销售数据，分析仓配服务具体需求。

「步骤5」拟定仓配服务合同。

任务评价

教师对各组进行综合评价，参见表 2-7。

表 2-7 数字化仓配服务分析评价表

序号	评价内容	分值	得分	自我评价
1	公司经营范围及模式合理	20		
2	仓配服务模式分析清晰	20		
3	洗护产品销售数据来源可靠	30		
4	仓配服务需求表达清晰	20		
5	团队分工明确、有效合作	10		
	合计	100		

同步实训
物流数字化转型现状分析

实训背景

当今数字化转型已成为企业获得竞争优势和业务增长的关键因素。数字化转型不仅能为企业带来数据驱动的决策制定、创新和灵活性、客户体验的提升以及供应链协同合作等关键机遇,还能提升供应链的效率和灵活性,为企业带来新的商业机会和创新潜力。然而,数字化转型也面临着一系列挑战,企业在数字化转型过程中需要面对文化与组织变革、技术和数据整合、安全与隐私保护以及供应链网络的复杂性等挑战。企业需要积极应对挑战,抓住机遇,推动数字化转型,以赋能未来商业发展,实现持续的竞争优势。

实训目的

引导学生了解物流数字化转型的迫切性和重要性,调研企业数字化转型痛点和需求,提升学生数字化管理意识和能力。

实训组织

(1) 2~3人为一组,自主选取一个行业或者一家企业。
(2) 广泛调研该行业或者企业的物流现状,分析其数字化设计或数字化转型过程中面临的痛点和难点。
(3) 对调研信息进行汇总和梳理,分析原因,给出优化建议。
(4) 展示成果,交流评价。

实训评价

教师对各组进行综合评价,参见表2-8。

表2-8 物流数字化转型现状分析评价表

序号	评价内容	分值	得分	自我评价
1	行业或者企业选取有代表性	20		
2	调研数据详实、图文并茂	20		
3	问题和原因分析透彻、条理清晰	30		
4	优化措施具体可操作、具有启发性	20		
5	体现数字化管理能力和意识	10		
	合计	100		

【自测评估】

项目三 企业物流数字化运营

任务一　企业物流运营认知

任务二　企业物流数字化运营问题分析

任务三　企业物流数字化运营优化

同步实训　企业物流数字化技术应用现状分析

学习目标

◆ **素养目标**

（1）践行社会主义核心价值观，树立正确的人生观、价值观和择业观。
（2）树立爱岗敬业的服务意识，强化责任意识。
（3）树立数字意识和数字思维，提升数字治理能力。

◆ **知识目标**

（1）了解供应物流、生产物流、销售物流的概念及组成。
（2）理解企业物流数字化发展的重要性及存在的问题。
（3）掌握企业物流数字化优化路径和企业物流数字化创新技术。

◆ **技能目标**

（1）能通过数字化思维优化企业物流。
（2）能利用数字化资源实现企业物流创新发展。
（3）能借助数字化治理提升企业物流运营效率。

 思维导图

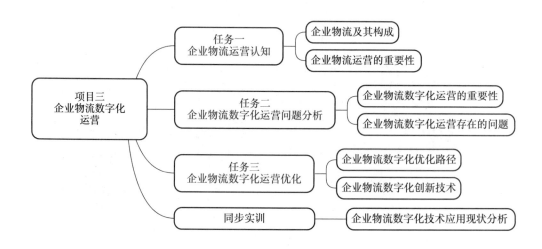

学习导入

智改数转的推动有力促进数字化经济和人工智能快速发展

数字化转型升级促进了传统产品向下一代智能产品转变。智改数转的推动使得传统制造业产品通过融合人工智能技术，衍生出具备记忆、交互、学习、预测等功能的新产品，也能促使企业更好地理解客户需求、更好地反馈客户体验、更好地开展多方位交互、更好地提高产品的价值等。国家鼓励传统产业应用国产机器人、数控机床和成套智能生产线，开展生产过程和运营管理的智能化改造，提高生产效率和产品质量。

2023年11月，由国家信息中心联合阿里云共同编制的《人工智能2.0时代的公共智算服务发展指南》（以下简称《指南》）在"2023云栖大会"论坛上正式发布。《指南》面向通用人工智能发展新趋势，梳理智算服务发展形势和现状，提出了公共智算服务的概念内涵、服务架构、服务内容和生态体系，给出了实现生态化发展的策略建议，为人工智能应用提供了指引和借鉴，加快了AI赋能千行百业。

（资料来源：同花顺财经）

思考：在数字经济这一新兴经济形态下，中国企业如何应用数字化技术来优化企业运营，在发展进程中实现数字化转型？

任务一　企业物流运营认知

 任务描述

某家电企业的规模增长越来越快，多元化格局越来越明显。目前该企业按照主导产品分为冰箱事业部、冷柜事业部、空调事业部和洗衣机事业部四个事业部。这些事业部是企业的独立生产经营单位，都拥有自己独立的内部流程。它们作为独立的个体，在企业高速发展的背景下难免相互碰撞，影响了企业的整体竞争力，个体利益与整体利益相冲突的状况时有发生，造成了诸多问题。每个事业部都有自己的一套核心流程，这套核心流程是围绕产品生产而组织起来的，涉及采购、生产、仓储和运输等多个环节，彼此之间相互独立、各自为政。

 任务要求

（1）根据任务描述，分析该企业内部运营存在的问题。
（2）结合问题，对该企业内部组织结构进行优化。
（3）基于优化后的组织结构，设计企业物流运营流程，以流程图形式记录。[经验贴]可使用软件制作流程图。
（4）结合企业产品特点，描述设计流程图中各个环节的具体工作内容。
（5）以小组形式完成该任务，注意成员间的分工合作。

 一、企业物流及其构成

（一）供应物流

1. 供应物流的概念

供应物流是指企业提供原材料、零部件或其他物品时，物品在提供者与需求者之间的实体流动。在供应链资源整合的基础上，通过组织管理手段和技术手段，供应链上各个零部件供应商的供货能够达到同步,并与产品装配相匹配,减少由于零部件缺货而导致的产品订单交付延误、库存成本上升,进而提高整个供应链的响应速度,及时准确地满足客户需求,最终提高供应链的整体竞争力。

在企业物流体系架构中,供应物流作为先导性环节,承担着生产资源的统筹调配与前置筹备重任,是连接企业内部运营系统与外部供应链生态的关键节点,在整个企业运营流程中发挥着不可或缺的作用。供应物流系统虽运作模式相对独立,但与企业内部各部门协同紧密,持续为生产提供所需物资,确保生产高效有序开展。在数字化浪潮的推动下,供应物流数字化转型已成为必然趋势,与其他系统深度融合,构建一体化物流信息系统迫在眉睫。通过全面采集、整理各环节物料信息和物流数据,将其转化为标准化、代码化、电子化的数据库并实现实时更新,为企业决策提供有力数据支撑,助力企业在市场竞争中保持优势地位。

2. 供应物流的组成

(1) 采购。采购是指个人或企业为满足个人需要或保证企业生产及经营活动的正常开展,在一定的条件下从供应市场获取产品或服务以作为个人或企业所需资源的系列行为及活动。采购就是将资源从资源市场的供应商手中转移到用户手中的过程。采购既是一个商流过程,也是一个物流过程。商流是指通过商品交易、等价交换来实现商品所有权的转移。物流是指通过运输、储存、包装、装卸、流通加工等手段来实现商品空间位置的转移。二者缺一不可,只有这两个方面都完全实现了,采购过程才算完成。因此,采购过程实际上是商流过程与物流过程的统一。采购工作是供应物流与社会物流的衔接点,是依据生产企业生产—供应—采购计划来进行原材料外购的作业层,负责市场资源、供货厂家、市场变化等信息的采集和反馈。

(2) 仓储、库存管理。在供应物流中,仓储管理是对仓库和仓库中储存的原材料、零部件、辅助材料等支持后续生产活动的物资进行管理。仓储管理是仓储机构为了充分利用自身所具有的仓储资源来提供高效的仓储服务而进行的计划、组织、控制和协调,从而实现仓库内部各项物资合理和有效的储存和保管。其主要是对仓库内的布置、物料运输和搬运以及存储自动化等的管理。仓储管理工作是供应物流的转换点,负责生产资料的接货和发货,以及物料保管工作。供应物流中的库存管理主要是指对仓库中原材料、零部件、辅助材料等库存项目的数量管理。库存管理工作是供应物流的重要部分,主要依据企业生产计划制订供应和采购计划,并负责制定库存控制策略以及计划的执行与反馈修改。其主要功能是在材料供应、生产需求之间建立缓冲区,以缓和需求与供应能力之间的矛盾。

(3) 装卸、搬运。装卸是指物品在指定地点通过人力或机械装入运输设备或从运输设备上卸下。搬运是指在同一场所内,对物品进行以水平移动为主的物流作业。装卸、搬运工作是原材料接货、发货、堆码时进行的操作。装卸、搬运虽然是随着运输和保管而产生的作业,但却是衔接供应物流中其他活动的重要环节。

(4) 生产资料供应。供应工作是供应物流与生产物流的衔接点,是依据供应计划和消耗定额进行生产资料供给的作业层,负责原材料消耗的控制。生产资料供应对于企业的生产和运营是至关重要的。生产资料的质量和供应稳定性直接影响到产品的质量和生产效率。

（二）生产物流

1. 生产物流的概念

生产物流是指发生在生产工艺中的物流活动。它一般是指原材料、外购件等投入生产后，经过下料、发料，然后运送到各加工点和存储点，以在制品的形态从一个生产单元流入另一个生产单元的过程。生产物流中，企业借助一定的运输装置，按照规定的工艺过程进行物料的加工、储存，生产物流始终体现着物料实物形态的流转过程。企业生产物流是一种工艺过程性物流，一旦企业确定了生产工艺、生产装备及生产流程，生产物流也就作为工艺流程的重要组成部分形成了一种稳定性的物流。因此，企业生产物流的运行具有伴生性，其往往是生产过程的一个组成部分或一个伴生部分，这决定了企业生产物流很难与生产过程分开而形成独立的系统。

生产物流系统是一个为了生产产品，综合了生产工艺、生产计划、质量控制、人员调度、设备维护、物料控制等各环节的复杂系统。企业只有保证生产物流系统有效、稳定地运行，才能快速响应市场需求，实现小批量、多品种商品的生产，以及提高生产系统规划设计的速度和柔性，减少投资的风险。很多制造企业因重生产、轻物流而导致生产周期长、生产成本高、效率低。生产物流是生产经营的重要环节，是企业物流系统与生产系统的综合体现，与企业的发展息息相关，直接影响企业核心竞争力的提升。

2. 生产物流的组成

（1）生产线布局。生产线布局可以提高生产效率、降低生产成本，并减少物料和人员的移动距离，提高整体生产效能。首先，生产线布局需要考虑生产设备的合理安排。在生产线的布局中，各个生产设备的位置和排布要合理，以减少物料运输的距离和时间。不同设备应尽量紧密排列，并根据生产过程的需要划分区域，以减少物料运输的时间和手工操作的频次。其次，生产线布局需要考虑生产流程的优化。不同生产工序之间的连接应尽量简洁，以减少生产流程中的等待时间和瓶颈点。另外，可通过计算机仿真技术对生产流程进行建模和仿真，以优化生产过程并找出最佳的工序排列方式。最后，生产线布局还需要考虑人员的合理配备与工作站的设置。根据不同生产工序的特点和工作强度，合理安排人员的工作岗位及数量，以最大限度地提高工作效率。

（2）仓储布局。仓储布局是企业生产物流系统中的重要部分。与供应物流不同，生产物流中仓储布局的主要对象是在生产过程中使用的材料和半成品等。一个合理的仓储布局能够提高物流效率、降低储存成本，并满足客户的需求。首先要分析货物在仓库及生产空间的流动路径，货物的流动路径决定了操作效率。通过分析物品的流动路径，可以找出瓶颈点，进而优化流动路径，提高货物在生产过程中的流动效率。例如，将需求量较大的货物放置在易于取出的位置，以减少货物的移动和生产的等待时间。其次要综合考虑货物的存储需求，不同类型的货物所需的存储条件不同，如温度、湿度、防护性等。在生产车间的仓储布局中，应该关注货物的存储需求，以免生产的安全性和可操作性受到影响。

（三）销售物流

1. 销售物流的概念

销售物流是生产、流通企业出售商品时，将商品从生产者或持有者手中转移至顾客手中的物流活动，是商品经过运输、储存、装卸、搬运，或加上包装、拣选、配送、销售，到达顾客手中的流动过程。销售物流作为企业物流的最后一个环节，是企业物流与社会物流的边界，是企业将生产出来的商品销往市场的过程，同时也是企业适应市场变化、提升顾客满意度的关键环节，对企业的经营运作至关重要。

在现代市场环境中，为满足顾客的需求并实现销售，销售物流活动通常带有极强的服务性。在这种市场环境中，销售往往以将商品送达顾客手中并经过售后服务才算终止，因此，销售物流的空间范围很大，这也是销售物流的难点所在。在这种前提下，企业需要研究送货方式、包装水平、运输路线等，采取少批量多批次配送和定时定量配送等方式以达到目的。

2. 销售物流的组成

（1）物流网点的布局。首先，通过分析市场需求和物流发展水平、物流基础设施、信息系统建设等，结合销售成品，对市场目标进行细化分解，对企业销售物流的网络节点进行定位选址，设计节点规模及优化路径，开展销售过程中物流网络的整体规划。其次，在销售过程中，物流信息平台的使用可以实现对物流数据的采集，从而为物流节点提供基础信息。物流信息平台的建设可以促进产品资源的合理调度，提高物流系统的工作效率，从而提高顾客服务水平。

（2）物流环节的组合和衔接。在销售物流中，各个环节（装卸、运输、仓储、加工、包装、发送等）的组合构成了销售物流的内部结构模式，直接影响着物流活动的成效。物流内部结构的有效衔接有助于实现物流过程的优质化。随着信息技术的发展，特别是市场需求预测手段及工具的不断更新，企业可以对销售货物的流量和流向进行有效预测和规划，从而实现货物在各环节之间的有效衔接。

二、企业物流运营的重要性

以制造企业为例，企业物流包含采购（入厂）物流、生产物流、成品物流和逆向回收物流，其中生产物流又包含仓储配送物流和车间物流。从物流的功能性而言，企业物流主要包括包装、搬运、装卸、存储、分拣、配送运输、信息管理等功能环节。图3-1所示为制造企业物流的基本结构要素。

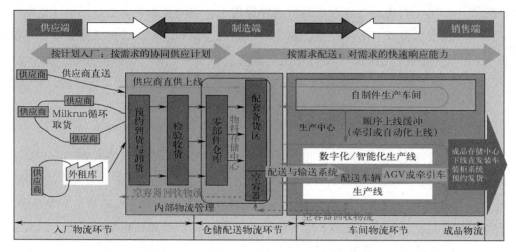

图 3-1　制造企业物流的基本结构要素

（一）经营角度

从经营角度而言，物流能力决定了制造企业的资金流转效率。企业流动资产包含现金、原材料库存、在制品库存、成品库存以及应收账款等，这些要素的数据结果主要表现在财务报表中，但是其真正的流动质量却隐含在物流体系的运作过程中。对制造企业而言，物料的流动决定资金的流动，而资金不流动的企业其经营效率和效益肯定大受影响，从而进一步影响企业的核心竞争力。企业在运营过程中，如果不重视物流管理，就相当于放弃了对流动资产的有效管控以及增值效率的提升。比如，通常而言，库存越多、现金流越少，企业的资金链压力就越大，竞争能力就越弱；反之，竞争能力就越强。而库存的设置取决于不同物料在不同物流阶段的周期设置，以及在各个阶段企业对各种变数的应对与缓冲模式设置。

（二）生产运营与管理角度

从生产运营与管理角度而言，物流能力决定了制造企业的交付能力。越来越多的制造企业将重心从"以生产为中心"转向"以交付为中心"，此时的关键任务就是"实现客户订单准时、准质、准量的交付"，在该交付价值链中，物流具备了"天生的端到端"结构基础和生产条件。如果物流能力不能匹配制造能力，就容易产生"巧妇难为无米之炊"的尴尬，或者"需要的产不出来，产出来的发不出去"的悖论。尤其对于有策略和愿景的数字化、智能化企业而言，"没有数字化、智能化的物流能力，智能制造就只能停留在实验室阶段"。

【实践前沿 3-1】
中国汽车（零部件）智能生产&精益物流协同配合发展论坛在重庆举行

拓展阅读
加快建设现代化产业体系和高效顺畅的物流体系

党的二十大报告提出,"建设现代化产业体系","建设高效顺畅的流通体系,降低物流成本"。制造业是国民经济的主体,也是全社会物流总需求的主要来源。现阶段我国制造业供应链的顺畅运转,对跨境物流运输能力、物流运输效率以及物流业发展质量和水平等提出了更高要求。面对复杂多变的国际形势,为保障我国制造业供应链物流的畅通、促进我国制造业供应链安全稳定,亟待采取措施提升我国现代物流发展水平。

制造业供应链核心竞争力的提升,需要物流业提供有力支撑,增强物流服务能力成为提升制造业供应链核心竞争力的关键。目前,伴随着跨区域合作的开展以及产业分工的深入,传统制造业对物流的需求发生了深刻变化,即从原来的"时间长、批量大、周转慢、品种少"向"时间短、批量小、周转快、品种多"转化,国际发展经验表明,现代物流服务业嵌入制造业供应链,能够有效推动制造业价值链的提升,即从价值链的低端迈上高端。

任务实施

「步骤1」自由分组,2~3人一组,注意成员间的分工合作。

「步骤2」根据任务描述,讨论分析目前企业内部运营存在的问题。

「步骤3」结合分析结果,对该家电企业内部组织结构进行优化,解决内部运营问题。

「步骤4」根据优化后的组织结构,以流程图的形式设计企业物流运营流程。

「步骤5」结合企业产品特点,完善流程图的工作细节,描述各个物流环节的具体工作内容。

任务评价

教师对各组进行综合评价,参见表3-1。

表3-1 企业物流运营认知评价表

序号	评价内容	分值	得分	自我评价
1	准确提出问题	10		
2	组织结构优化合理	20		
3	物流流程设计合理	30		
4	流程工作内容完整	30		
5	团队分工明确、有效合作	10		
	合计	100		

任务二　企业物流数字化运营问题分析

 任务描述

当前，数字技术正在深刻改变商业环境。面对全新的商业环境和数字技术的各种影响，企业的行为特征以及产品与服务的创造过程也发生了变化。然而，在实际商业实践中，不少企业却面临大力投资数字化却收效甚微的困境，甚至造成企业经营业绩的下降。部分企业表示完全没有看到数字化投资在促进收入增长方面的作用，并且企业内部由于缺乏跨部门协作行为而导致企业投资数字化的成本增加。企业数字化对企业创新活动的影响主要表现在产品创新、过程创新、组织创新和商业模式创新等方面。然而，企业创新绩效的提升受到企业自身条件和外部创新环境的共同影响。过高的数字化水平很容易与企业现有的资源条件和能力基础之间形成不可逾越的鸿沟，导致企业既没有能力继续支撑数字化的深入实施，也无法调整内部活动以动态适应外部环境的变化，进一步可能会使得企业创新绩效出现不升反降的状况。

 任务要求

（1）选择几家不同类型企业，分析企业发展过程中数字化的重要性。
（2）通过调研，结合企业现状，探析企业数字化进程中存在的具体问题。
（3）结合企业及其产品或服务的特点，针对问题提出数字化发展的建议。
（4）以小组形式完成该任务，注意成员间的分工合作。

 知识准备

 一、企业物流数字化运营的重要性

（一）促进信息充分共享

物流信息化是数字化物流管理的基础，通过建立物流信息管理系统，实现对物流运作全过程的数字化管理，包括订单管理、库存管理、配送管理等，确保物流信息的准确性和实时传递。数字化技术可以为企业提供一种高度自动化的管理方式，

例如，通过互联网平台实现对订单的管理，通过互联网技术实现仓储、装卸、配送等业务环节的信息化，实现物流信息的快捷、精准传递。通过数字化技术的应用，企业可以快速地获取各种信息，从而进行合理的规划和调度。企业可以通过信息技术等对货物、车辆信息进行实时管理，掌握各环节的实时情况，从而保证物流流程的高效性与信息的共享化。

（二）提高物流作业效率

企业物流数字化能够使企业对物流的流程和业务进行更加快捷、准确的处理，使物流业务的执行速度得到明显提高。例如，在销售物流中，通过互联网货运平台，企业可以更方便地获取货源信息，并且可以及时地安排运输车辆，减少了企业的物流成本和运输时间，提高了物流效率和服务水平。

（三）降低费用

首先，企业物流数字化有助于降低人力成本。企业物流采用互联网技术来实现数字化运营管理，可以减少人力需求。例如，采用自动化仓储系统和机器人分拣系统，可以减少人力拣选和处理机械的成本；采用智能化配送方式，可以大大减少人力投入，提高运作效率。其次，企业物流数字化有助于降低库存成本。在数字化物流管理中，运用云计算和大数据技术，可以及时收集、分析存储的数据，便于企业维护信息，实现货物的可追溯性。同时，准确的预测和分析可以避免过多的库存，降低了企业的库存成本。再次，企业物流数字化有助于降低运营成本。采用基于互联网技术的智能化物流管理方式，企业可以及时调整运营策略，更加合理地调配人力资源和物流资源，减少不必要的人工操作和物流运输，从而降低运营成本。最后，企业物流数字化有助于降低交流成本。利用互联网技术，数字化物流管理能够实现信息共享和流程信息的跟踪，尤其是在供应链管理领域，这种方式有助于降低企业与供应链伙伴之间的交流成本，从而提高物流效率、降低成本。

（四）管理模式优化

通过互联网技术的运用，企业可以将其现有的物流管理模式进行智能化升级。例如，通过数据挖掘技术可以对客户需求进行分析，并做出响应。此外，通过物联网技术可以实现对仓库及运输车辆的实时监控和追踪，提高了企业物流的安全性与可控性。

【实践前沿3-2】
快递业和制造业融合发展"5312"工程

二、企业物流数字化运营存在的问题

企业物流是一个横向链接、纵向链接、端到端一体化的动态系统，不同企业的物流需求不一样，导致其优先发展和成熟的环节与技术应用也有所不同。中国机械工程学会物流工程分会等机构组织发布的《2023年制造企业供应链发展调研分析报告》显示，68%的企业有供应链战略，其中38%的企业制定了细分的数字化供应链战略,越来越多企业意识到,供应链数字化战略是供应链战略的重要构成部分,数字化是企业供应链韧性、可持续、高质量发展的重要支撑。不同企业物流数字化聚焦落点并不一致,达成的路径也未必相同。在供应链数字化应用较为全面和成熟的领域,40%的企业在客户协同与需求管理、供应商协同与采购管理方面的数字化进展相对领先,这同时也说明企业供需管理的信息化建设是物流数字化转型的基础;而制造物流全价值链中的绩效可视、设施设备智能运维、供应链风险预警与处置方面的数字化进展普遍较为落后,仅15%的企业有所作为。就目前来看,企业物流数字化存在以下问题:

(一)企业物流数字化战略目标不明确

企业物流数字化战略目标不明确,对数字化的认识较为浅显。企业在建设数字化物流过程中,容易仅将数字化当成目标,没有将其当成优化价值链的手段,没有明确物流数字化到底要解决什么问题、达到什么目的;企业在推动物流数字化之前,没有制定企业物流战略和与此相适应的物流数字化战略,也没有形成物流数字化的价值导向、组织结构和战略绩效指标。由于没有明确的战略目标,各企业物流要素的价值导向与企业整体的考核目标可能相矛盾甚至相悖,容易导致物流数字化的局部优化,形成部门之间、业务模块之间的"内卷"。

(二)数字化生产线未匹配数字化物流

以制造企业为例,企业往往在生产线设计、工艺布局等方面有多年的累积,数字化基础相对成熟,数字化能够全面呈现与预警生产线上的设备、人员、工位布局、关键工序、生产节拍、设备稼动率、制造质量等数据。而对于数字化物流而言,企业管理者容易将其忽视,因为在布局工艺设施和生产线时,工艺路线图和技术书上没有物流的直观体现,更没有物流数字化的表现,即只有固定资产的布局,而忽略了流动资产的布局。此外,绝大多数企业并没有针对物流作业要素(物料的包装、搬运、存储、分拣、配送、空容器回收等)的时间、路径、标准动作等进行联动的作业分解,使得企业物流无法形成有完整体系的数字化基础。此时导入物流数字化、智能化技术,往往只能解决点上的问题,并不能形成一体化的物流数字化和智能化。

(三)企业缺少对数字化物流系统性、前瞻性的规划设计

很多企业在推进物流数字化之前,并没有针对物流策略定位、价值导向、业务逻辑、流程参数等进行系统性、前瞻性的规划设计,甚至把企业物流现状当作数字化未来进行系统固化,即在物流现状之上通过应用条码、数据采集器、WMS软件、物流设施等来提取企业物流运作数据,这就给了经营者一个"数字化假象"——物流数据都有了,但是这些数据未必是连贯的、科学的和同维度的,这样往往会使得物流运营成为一个"盲盒",无法量化企业的制造能力、物流能力和交付能力,也无法衡量其优劣。因此,把物流现状直接当成未来并进行系统固化,容易导致物流数字化、智能化迭代升级走入误区,以后再进行优化和升级的难度将更大。

(四)企业高估了物流软件的作用

有些企业管理者以为物流数字化就是采用一套物流软件。抛开软件的质量和合理程度,即使是成熟的软件也无法应用于所有多样、复杂、动态的企业物流场景。实际上,不同企业和不同产品对物流人员、机器、材料、方法、环境、测量等方面的应用需求也不同,企业物流需要基于未来进行"以终为始"的梳理、规划与优化,思考数字化需要解决的关键作业场景需求,然后选择物流数字化的平台,而不是只依赖于软件的应用,这样才可能达成物流数字化的目标。

着力提升劳动者数字素养 加快发展新质生产力

围绕数字语言表达、数字信息传输、数字内容生产三个维度,以及工作的工具、环境、目标、内容、过程、产出六项指标,《中华人民共和国职业分类大典(2022年版)》首次标注了97个数字职业。其中,二大类(专业技术人员)54个,四大类(社会生产服务和生活服务人员)37个,六大类(生产制造及有关人员)5个,五大类(农、林、牧、渔业生产及辅助人员)1个,二大类和四大类合计占比超九成。

数字职业的发展对劳动者素养提出了两个方面的新要求。一是提升技能水平。经济与社会学家大卫·奥托尔曾预测,自动化和人工智能将导致劳动力市场出现"技能极化"现象,即低技能和高技能职位数量增加,而中间技能职位数量减少。通过对国内一些地方制造企业的调研发现,数字化升级后企业将新增一批高技术技能岗位,"全员技工化"趋势正在一些企业形成。在此背景下,加快打造高数字素养的劳动者队伍,是适应新型生产方式发展的需要。二是更新职业能力。"老技能"不能适应新产业发展需要已成为全球性问题。世界经济论坛发布的报告曾预测,到2025年全球将有50%左右的劳动者需要接受新职业培训以适应新的工作需要。无论是否直接从事与数字技术有关的工作,未来的劳动者都需要掌握基本的数字技能。欧盟"2030数字罗盘"计划提出,到2030年使至少80%的成年人具备基本的数字技能。

(资料来源:中工网,2024-03-27)

任务实施

「步骤1」自由分组,2~3人一组,注意成员间的分工合作。

「步骤2」参考任务描述,选择一家真实企业,分析其发展背景及现状。

「步骤3」结合所选择的企业,分析企业及其行业实现数字化发展的重要性。

「步骤4」根据企业数字化的意义和作用,结合企业现状,详细分析企业数字化发展中存在的问题。

「步骤5」结合企业产品或服务特点,为解决数字化发展中的问题提出建议。

任务评价

教师对各组进行综合评价，参见表3-2。

表3-2　企业物流数字化运营问题分析评价表

序号	评价内容	分值	得分	自我评价
1	背景及现状分析完整	10		
2	数字化重要性分析合理	20		
3	存在问题分析有据	30		
4	提出建议可行	30		
5	团队分工明确、有效合作	10		
	合计	100		

任务三　企业物流数字化运营优化

任务描述

中工互联（北京）科技集团有限公司推出了国内第一个面向工业领域的类Chat-GPT模型、首个插件大模型、首个嵌入式模型和第一个真正意义上的人类思维对齐模型。通过对海量文本、图形、视频等多模态工业数据的深度学习，智工·工业大模型实现了对工业知识的深度理解。相比通用预训练语言模型，智工·工业大模型在工业专业领域的知识表达、问题解析和解决方面具有独特优势。目前，智工·工业大模型在工业控制器、智能制造、电力能源和汽车制造企业的实际场景中落地了多个应用。在智能制造领域，智工·工业大模型正发挥着巨大的作用。通过实时分析生产过程数据，它可以实现对设备运行状态的监测和预警以及对生产流程的优化，从而提高设备利用率和产出率。在运维领域，它可实时解读复杂报警信息，提供设备故障原因分析和处理建议，助力快速定位故障、指导维修。智工·工业大模型成功在某军工企业落地，帮助该企业提高了生产效率，解决了多部门之间流程的烦琐性，整体减少了企业50%以上人员工作量。

（资料来源：中工互联科技集团，2024-03-06）

任务要求

(1) 通过网络调研，查找与企业物流数字化发展相关的数字化技术。
(2) 在查找结果中，选择一种数字化技术，介绍其概念及功能。
(3) 以实际案例分享数字化技术在企业物流中的使用情况。
(4) 以小组形式完成该任务，注意成员间的分工合作。

知识准备

一、企业物流数字化优化路径

（一）构建企业物流数字化框架

通过制定企业数字化战略，推动企业构建物流数字化框架，并细化实现这一框架的具体方略。图3-2展示的是某制造企业的"物流数字化发展战略屋"。该企业明确提出了"打造全程可视、敏捷交付、具备高端质感的数字化物流运营中心"的目标，为实现这一目标，企业着重强调了四大战略支撑，分别是计划引领、数智驱动、高效运营以及极致交付。这四大战略支撑又进一步细化为绿色、安全、品质、精益、智能、敏捷、透明和人才等战略实施路径。基于"以交付为中心"的全价值链核心要素，即订单、人员、机器、物料、方法、环境、测量，该企业致力于实现制造物流信息的全面可视化与实时化。通过制造物流数据，驱动业务执行层进行数字化、智能化控制，从而赋能管理层的实时、快速决策。

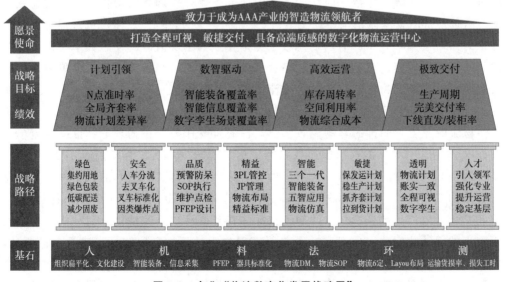

图3-2 企业"物流数字化发展战略屋"

在构建物流数字化发展战略后,企业需梳理出与之适配的物流数字化场景及路线图。如图3-3所示,应依据企业在价值链中的关键场景,利用功能地图呈现物流数字化建设蓝图。在此过程中,要以实现业务的全面数字化、达成KPI为目标,将计划、工艺、模具、物流、成品、品质和设备等方面作为切入点,逐步推进相关工作。

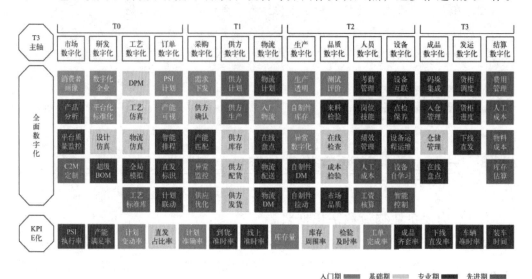

图3-3 企业物流数字化推进路线图

(二)重塑企业物流业务逻辑

企业重塑物流业务逻辑,打造"以交付为中心"的物流能力。传统企业以生产为中心,数字化的关键指标有生产计划达成率、人均产出率和设备利用率等,物流数字化相应地解决搬运方式与距离、存储方式与盘点、配送路径与设备利用、人员减员等方面的问题。在数字时代,工厂的任务主要是强调有效交付,业务逻辑变成通过全价值链的物流体系来保证交付,工厂成了"交付中心",生产制造成为该价值链中的一个业务单元。此时的物流数字化主要强调全价值链的动态数字化,数字化的关键指标也相应地变为库存周转率、订单交付周期、交付准时率、订单满足率和有效客户响应等,物流数字化解决可流通性、物流价值链断点、流转效率、交付能力、对客户的承诺及客户订单信息采集、内外部资源对接等方面的问题。

物流业务逻辑的打通是物流数字化运营的首要任务。在物理上,借助物流单元化技术、存储技术、拣选与搬运技术等,尽可能减少物流过程断点、实物停顿等,实现端到端的连续流。在信息上,借助物流数字化平台实现实时的数据采集、信息和实体的双向通信、物流计划与作业的差异管控等功能,强调以物流计划为核心,保证发运计划、稳定生产作业计划、狠抓物料齐套计划、拉动供应商到货计划,实现物流的一体化运作和管理,从而最终实现物流过程的自感知、自决策、自调试。只有在此基础上进行的物流数字化,才能赋能企业运营。企业运营必须将物流数字化逻辑纳入整个企业的运营管理逻辑中,强调物流与产品、市场、研发、需求、采购、生产、销售等业务流程之间的数字化打通和运营协同。

（三）应用物流工业工程梳理物流流程

企业应用物流IE（工业工程）梳理物流流程，量化相关参数和指标，形成数字化基础。在制造过程中，生产和物流作业是由加工、装配、检验、物流等作业中的人和设备来完成的，所有的物料流动都是由一系列动作组成的，这些动作的速度、数量、有效性等直接影响物流效率和生产效率。应用IE（工业工程）的动作分解法，将生产和物流过程中的每一个动作细分、梳理、优化，对动作进行时间、速度、数量、标准等的赋值，以量化相关的物流作业场景，从而构成物流数字化的基础，典型的应用场景有以下几种：

（1）入场物流。及时监控供应商到货的实时进度，规避供应商供货偏差风险，从而保障顺利生产。为此，针对具体的采购物料要有供应商计划和执行的在线详细记录，如生产开始时间、生产结束时间、入库时间、装车发运时间、库存数量、在途数量等数据，还需要获取供应商到货的能力、采购订单进度、关键物料备货情况、采购过程异常信息等相关数据。

（2）入库接收。通过先期预约，供应商到货车辆通过车牌识别获得通行；根据相关订单和物料信息，通过物流信息平台分配作业，调度和驱动卸货、入库等作业资源，实现收货、检验和存储等多个环节时间、数量的实时可视，从而监控计划和实际作业之间的差异并进行预警和管理。

（3）物料存储。针对每种物料分别进行存储规划，根据物料的分类，给每种物料设定一个ID号。物料进入仓储系统后，其基础数据包括包装数据、订单数据、生产需求数据、库存数据、重量数据和出货时区等，都成为底层的关键数据，并且需要实时更新和体现。

（4）生产线配送。根据具体作业场景，细分到每一种物料及其包装、消耗节拍、总装自动化程度等要素，并精确配送到每一个工位，根据配送到工位的物流技术、设施及方式来设定其配送节拍。

制造物流各个环节的运作信息需要集成化并进行清洗、分析，形成"驾驶舱"模式，以辅助判断和决策。通过对各个关键环节的场景进行量化设计，即可将物流不同层级的绩效、各环节的数据和运营状态等显示出来，形成管理者和决策者需要的作业绩效数据。

（四）设计生产—物流动线以引起价值链的数字化联动效应

企业以生产—物流动线设计，拉通整体价值链的数字化联动效应。物流强调生产制造工艺和物流工艺之间的动态连接与数字化联通，以保证生产交付的有效性。对于离散制造型企业而言，其通常会涉及自制件（比如注塑、钣金冲压、机加工等）和总装等工序，不同的生产—物流动线设计会使得上下道工艺的对接能力、产能协同能力、交付周期、在制品库存等存在很大的差异，其物流数字化的逻辑也就不一样。

生产—物流动线设计通常有两种布局方式：设备成组布局和产品工艺布局。设备成组布局，也称单元式布局，是指将不同的机器组成加工中心（工作单元）来对形状和工艺相似的零件进行加工。设备成组布局的优点是机器设备和人员的效率高，缺点是容易导致在制品库存过大。产品工艺布局以工艺为导向，按照工艺特征建立生产单位，将完成相同工艺的设备和人员放到一个厂房或一个区域内。产品工艺布局的优点是生产工序按照价值链一体化开展，强调制造和物流过程无断点、生产和物流效率高、中间库存小，缺点是可能会损失某个工序的部分产能。"以交付为中心"的数字化工厂通常会采用产品工艺布局，以拉通制造价值链的数字化联动效应。

以某数字化工厂为例，由于采用了产品工艺布局，在钣金冲压工序中，将冲压和总装进行并线设计（俗称"硬连接"），在制品库存由原来的5000件降为连续输送链上的100件。其同行企业采用设备成组布局的"独立钣金车间"模式，建了一座超过1000个货位的自动化立体库来存放和管理这些库存，不仅花费了巨大的投资和物流成本，还在物流数字化的逻辑中增加了一个并不增值的模块。

（五）注重工位物流数字化的拉动效应

无论是传统工厂、精益工厂、数字化工厂还是智能化工厂，工位物流的数字化拉动效应都应被重点关注。制造物流主要是为生产服务，加工或装配的作业过程会涉及很多作业要素数据，比如生产节拍、设备能力、人员动作、物料上线方式、物料配送节拍、物料配送单元、物料包装、人员（或机器）抓取物料的方便性和有效增值时间等，如图3-4所示。

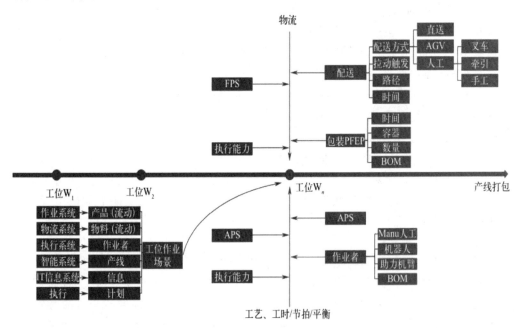

图3-4 工位物流涉及多种要素的数据联动

在传统的制造过程中，工艺参数主要统计作业人员的有效装配时间，但是辅助时间（比如拿取物料和整理包装容器的时间）并未统计，而这个时间通常存在很大的差异和不确定性。一个包装单元的物料从仓库配送到工位，涉及物料单元包装方式、物料清单（BOM）、配送距离、配送周期和配送方式等数据，这些数据通常被割裂为不同的归属，导致各类硬件调度和控制系统之间不协同，无法实现真正的智能制造—智能物流的协同。

以某企业为例，通过优化产线设备排布、机器人对接、物流配送到工位等，物流系统和生产作业系统之间能够实时对应，真正做到"满箱换空箱"的数字化控制模式。在传统企业，该场景通常是在生产线边设立"线边库"，通过"水蜘蛛"进行物料协同，这样增加了物流断点、库存和空间浪费，使得物流管理和数字化更加复杂。

二、企业物流数字化创新技术

（一）数字孪生技术

物流体系不断向数字化、智能化升级，一定会要求信息与物理实物实现同步的融合和升级。数字孪生技术是一种基于数字化技术的新型手段，通过创建虚拟模型来仿真现实世界中的实体、系统或过程，实现实时监测、预测和优化。建立与制造流程对应的物流数字孪生模型，该模型具备所有物流过程细节，可在虚拟世界中对现实物流过程进行验证和修正。尤其在数字化工厂先期规划时，将数字孪生技术应用到对逻辑梳理和参数设定的合理性验证、标准动态运营过程的有效性验证和面对多影响因素的抗风险能力验证，更是物流体系建设与运营升级的重点。

为了保证物流过程中的所有流程都准确无误，可以在数字孪生模型中对不同的生产和物流策略进行模拟仿真和评估，并且通过调度算法实现数据和物理之间的映射，进一步实现物流资源利用率的提高，实现盈利能力的最大化。

（二）物流自动化、智能化技术

物流技术包括物流硬技术和物流软技术两方面。物流硬技术是指物料活动过程中涉及的各种包装单元技术、搬运技术、自动装卸货技术、存储技术、拣选技术和码垛技术等，涉及货架、堆垛机、穿梭车、机器人（机械手）和AGV/AMR等工具。物流软技术是指形成高效率的物流系统的物流软件、自动识别技术、多维监控及可视化技术、物流仿真技术等。

整个物流技术的发展历程大致可以分为人工阶段、机械化阶段、自动化阶段、集成化阶段和智能化阶段。在制造工厂物流技术的规划、运用与实施过程中，企业需要考虑不同生产模式、不同应用场景、不同物料种类的运用条件等因素，可能会选取不同发展阶段的物流技术及其相应的数字化模式来赋能制造。此外，物流技术发展也呈现柔性化、高效化、信息化、系统化、集成化和绿色化的特点，越往"高层级"发展，数字化赋能物流技术越明显。RFID、大数据、云计算、云网络、区块链、AR/VR等技术在制造物流系统中已得到广泛应用。物流技术在不同的制造物流环节的应用场景如图3-5所示。

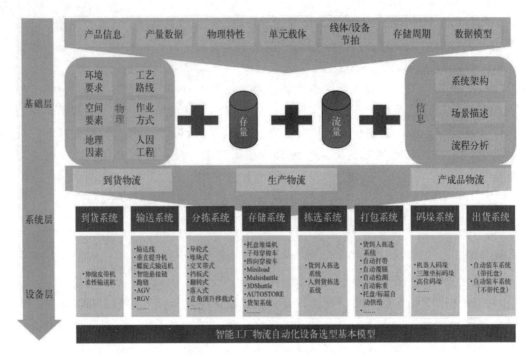

图 3-5 物流技术应用场景

（三）5G 技术

5G 技术具有低时延、高速率、大连接特性，可以赋能数字化交通、数字化园区、智能配送、智能安防等环节与领域，基于物联网技术实现车、路、人的完美协同，提升物流效率和人员、车辆、运输等管理能力，保障无人车、AGV 甚至无人机安全驾驶和飞行，以实现智能配送和高清视频监控，提供多重安防保障（包含消防安全）。5G 技术的应用帮助企业实现从"被动型传统管理"到"主动型智能管理"的转型，促进工厂向"高智能、快决策、一体化"的方向迭代升级。

【实践前沿3-3】
数字物流平台助力新能源汽车产业展新途

以武汉东泰盛机械有限公司为例，东泰盛5G全连接工厂瞄准汽车关键零部件领域，生产产品涵盖汽车车身系统零件、发动机舱零件、底盘系统零件、新能源汽车电池盒等。通过5G信息技术赋能，工厂已实现从原材料订购到冲压生产、焊接组装、仓储出货等全流程智能化应用，4个人便可操作一条年产值达1亿元的生产线。

八部门推动传统制造业转型升级：创新驱动，数字赋能

2023年12月，工业和信息化部等八部门印发《关于加快传统制造业转型升级的指导意见》。该意见指出，立足不同产业特点和差异化需求，加快人工智能、大数据、云计算、5G、物联网等信息技术与制造全过程、全要素深度融合。支持生产设备数字化改造，推广应用新型传感、先进控制等智能部件，加快推动智能装备和软件更新替代。以场景化方式推动数字化车间和智能工厂建设，探索智能设计、生产、管理、服务模式，树立一批数字化转型的典型标杆。加快推动中小企业数字化转型，推动智改数转网联在中小企业先行先试。该意见还指出，鼓励龙头企业共享解决方案和工具包，带动产业链上下游整体推进数字化转型，加强供应链数字化管理和产业链资源共享。

任务实施

「步骤1」自由组合，2~3人一组，注意成员间的分工合作。
「步骤2」通过网络调研，查找企业物流数字化发展相关的数字化技术。
「步骤3」选择其中一种数字化技术，详细描述其概念和功能。
「步骤4」以案例分析的形式，介绍数字化技术在企业物流数字化发展中的实际使用情况。

任务评价

教师对各组进行综合评价，参见表3-3。

表3-3 企业物流数字化运营优化分析评价表

序号	评价内容	分值	得分	自我评价
1	数字化技术选取具有代表性	20		
2	技术介绍完整	20		
3	案例分析合理	30		
4	表达逻辑清晰	20		
5	团队分工明确、有效合作	10		
	合计	100		

同步实训

企业物流数字化技术应用现状分析

实训背景

随着现代企业的不断扩张，企业物流系统逐渐面临各个方面的挑战。例如在生产设备布局、仓储布局等方面，不合理的布局可能会导致物料在生产过程中出现长距离移动甚至丢失的情况，进而影响生产效率和物流效率。因此，如何优化企业物流系统成为企业人员急需考虑的问题。随着互联网技术的应用，物流管理方式发生了革命性的变化。数字化物流为企业的持续发展注入了新的活力。数字化技术已经成为企业物流管理的重要工具和手段，其作用正在不断放大。通过加强数字化技术在企业物流中的应用与推广，企业在提升其物流服务质量和效率的同时，也将推动产业更快地发展。

实训目的

引导学生理解企业物流数字化发展的重要性，应用数字化技术解决企业物流发展困局，提升学生数字化应用能力。

实训组织

（1）2~3人为一组，自主选取一家企业。
（2）调研该企业的物流运营状况，了解企业存在的问题。
（3）应用数字化技术对企业运营问题进行优化。
（4）展示成果，交流评价。

实训评价

教师对各组进行综合评价，参见表3-4。

表3-4　企业物流数字化技术应用现状分析评价表

序号	评价内容	分值	得分	自我评价
1	企业选取具有代表性	10		
2	数据详实、图文并茂	30		
3	运营问题分析透彻	20		
4	数字化优化效果显著	20		
5	体现数字化技术应用能力	20		
	合计	100		

【自测评估】

项目四 物流企业数字化运营

任务一　物流企业数字化转型分析

任务二　物流企业数字化运营优化

任务三　物流企业数字化协同发展

同步实训　物流企业数字化转型组织结构重组

学习目标

◆ 素养目标

(1) 践行社会主义核心价值观,树立正确的人生观、价值观和择业观。
(2) 树立爱岗敬业的服务意识,强化责任意识。
(3) 树立数字化思维,提高数据分析能力。

◆ 知识目标

(1) 了解物流企业数字化转型的概念。
(2) 掌握物流企业数字化发展趋势。
(3) 掌握物流企业数字化协同发展的重要性。

◆ 技能目标

(1) 能通过数字化思维优化物流企业的运营。
(2) 能利用数字化思维实现物流企业的转型升级。
(3) 能实现物流企业的数字化协同管理。

 思维导图

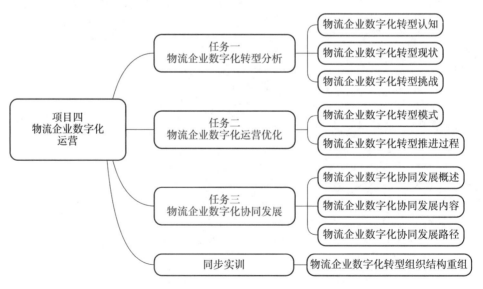

学习导入

2024年政府工作报告给物流企业发展指明了方向

2024年政府工作报告（以下简称"报告"）对物流行业的发展给予了高度关注，不仅强调了降低全社会物流成本的紧迫性，而且勾勒出物流业在服务实体经济、促进外贸高质量发展、推动数字化转型和践行绿色可持续发展等方面的战略路径。

1. 降低物流成本

报告将降低物流成本列为优化营商环境、提升经济运行效率的重点任务。这表明物流企业在成本控制和服务质量提升上将迎来更大的挑战和机遇，需通过优化运输结构、提升物流信息化水平、强化综合交通体系对接等，切实降低单一环节和全链条物流成本，助力实体企业减负增效。

2. 加快国际物流体系建设

报告提出加快国际物流体系建设，意在鼓励物流行业积极参与国际市场竞争，提升我国物流服务在全球供应链中的竞争力和影响力。国际物流体系的建设包括加强海外仓布局、提升多式联运效率、优化跨境运输服务等，尤其是在应对全球贸易格局变化、产业转移等背景下，要构筑高效、安全、绿色的国际物流通道。报告提出通过优化海外仓布局、加快国际物流体系建设、打造智慧海关等方式，助力外贸企业降低成本、提高效率，推进外贸提质增量，促进跨境电商等新业态健康发展。同时，"三农"领域亦强调加强农村地区冷链物流、寄递配送等基础设施建设，这既是乡村振兴的重要支撑，也是提升农产品流通效率、确保食品安全的关键举措。

3. 数字化转型与技术创新

在数字经济的浪潮下，物流行业正经历一场深度变革，借助大数据、人工智能等新一代信息技术，物流信息化、数字化、智能化进程加速，诸如网络货运、数字仓库、无接触配送等新型物流业态层出不穷。与此同时，报告中部署了一系列政策措施，包括推动数字产业化、产业数字化，加快工业互联网应用，促进服务业数字化，旨在通过数字化转型赋能物流行业，进一步降低物流成本，提升运行效率，进而推动产业链、供应链的优化升级。

4. 绿色环保与社会责任

报告中还特别强调了绿色低碳供应链的重要性，提出推进产业结构、能源结构、交通运输结构等方面的绿色转型。据统计，制造业物流总额占比超过八成，多数行业、领域物流成本占比较高，降低这部分成本对于制造业乃至整个国民经济的绿色发展有着显著推进作用。为此，国家政策正积极引导和支持物流企业加快实施绿色低碳物流创新工程，通过加大绿色技术创新力度，推广节能降碳先进技术，打造绿色低碳供应链，助力"碳达峰"和"碳中和"目标的实现。

　　2024年政府工作报告为物流行业擘画了发展方向，要求企业在降低物流成本、提升国际化水平、推动数字化创新和实现绿色可持续发展等方面锐意进取，以更好地服务实体经济，支撑中国在全球价值链中的地位提升，实现物流业自身的高质量发展和国际竞争力的增强。

　　（资料来源：罗戈网）

　　思考：根据2024年政府工作报告，谈谈未来物流企业的发展方向。

任务一　物流企业数字化转型分析

 任务描述

小李大学毕业后入职一家第三方物流企业,该企业目前正在进行数字化升级改造,计划组织全公司所有员工对数字化升级改造进行讨论,让员工从自身的角度发表自己的看法,提出建议或意见,为企业的发展献计献策。如果你是小李,你会给出什么样的建议?

 任务要求

(1) 挑选几家物流行业的头部企业进行调研,分析这些物流企业是如何开展物流数字化转型的。

(2) 分析数字化转型对物流企业的发展有哪些影响。

(3) 谈谈物流企业在进行数字化转型的过程中需要具备哪些条件。

 一、物流企业数字化转型认知

(一) 物流企业数字化内涵

物流企业数字化是指通过新一代信息技术,建立数据采集、传输、存储、处理、反馈等闭环系统,从而突破各层次、各产业之间的数据屏障,提升整个物流产业的运作效能,建立一个崭新的数字经济系统的过程。物流企业数字化转型是指物流企业基于大数据、云计算、人工智能、区块链、物联网和流程自动化等数字化技术建立一种新的商业模式,提升物流企业的竞争力,从而达到缩减成本、快速响应市场、有效控制风险、提升价值的效果。

（二）物流企业数字化转型的必要性

1. 提升物流效率和降低物流成本

物流企业进行数字化改造，可实现企业的信息化、自动化、智能化，从而提升其物流流程的效率。借助物联网、大数据、人工智能等技术，企业可实现对物流过程的实时监控，及时掌握商品的流通状态，提升对物流环节的监管能力，减少人工操作和失误，降低管理成本和时间成本。此外，数字化转型还可帮助企业优化物流网络布局，提高物流资源的利用率和配置效率，降低运输成本和库存成本。例如，通过运用大数据分析和预测模型，企业可根据市场需求和供应情况，合理安排运输路线和车辆调度，避免空载或超载的情况发生。通过运用物联网和智能仓储系统，企业可实现对库存的精准管理，减少库存积压和损耗，提高库存周转率。

2. 提高服务水平和满足客户需求

物流企业在数字化转型过程中，在大数据和算法分析等技术的帮助下，能够及时了解客户的需求与行为，从而为客户提供个性化的物流服务。此外，数字化转型还能够帮助中小物流企业提高服务效率和降低运营成本。通过数字化平台和工具，物流企业能够优化物流网络和资源配置，提高运输和配送的速度和准确性，减少人力和物力的浪费。

3. 增强竞争力和创新能力

数字化转型是物流企业应对市场变化和客户需求的必然选择，它不仅可以提高企业的运营效率和服务质量，也可以为企业带来新的商业模式和价值创造。借助数字化技术，物流企业可以拓展新的市场和客户群体，与其他行业和领域进行跨界合作，实现资源共享和优势互补。例如，一些物流企业利用大数据、云计算、物联网等技术构建了智能物流平台，实现了货源信息、运输资源、仓储设施等的整合和优化，企业不仅可以提供更快捷、更灵活、更个性化的物流服务，还可以降低成本、提高利润、增加收入。同时，数字化技术也可以激发企业的创新思维和能力，推动企业在产品、服务、管理等方面进行持续改进和优化。通过数字化技术，物流企业可以收集和分析客户的行为数据、反馈数据、满意度数据等，从而更好地了解客户的需求和偏好，提升客户的忠诚度和满意度。

二、物流企业数字化转型现状

（一）物流企业数字化建设现状分析

随着数字经济国家战略对企业数字化转型的推动，物流企业数字化转型正在加速发展，中国数字物流市场呈现出高速增长的态势。《2023中国数字物流发展报告》显示，截至2023年12月31日，经营范围涉及数字物流的企业（包括在业、存续）超过2.2万家。其中，2023年成立的企业数量超过5900家，占总数的26.37%。数字化转型是指企业利用数字化技术，改造和升级其业务流程、产品服务和管理方式，以提高效率、降低成本、增强创新能力和市场竞争力。物流企业数字化转型已成为未来发展的重要方向。物流企业需要采取适当的数字化技术，提高运输效率和服务质量，以应对竞争激烈的市场环境。数字化转型需要物流企业制定正确的转型方法和清晰的数字化战略，投入大量资金用于基础设施建设和人才引进，以提高数字化转型水平和运输效率。同时，物流企业还需要适应商业和运营模式的转变，并创新发展模式，以凸显数字经济的赋能作用，提升市场竞争力和实现可持续发展。

（二）典型物流企业数字化水平分析

1. 物流企业供应链信息化、智能化水平显著提高

目前，国内有些物流企业在承运内部业务全流程中仍然存在工厂计划下达不及时、物流派车效率不高、装货卸货超时、运输延误、交接异常等各种非常规状况。过去出现以上异常情况均是通过人工电话核实、反馈，无法在任务执行过程中实施真正有效的监督。物流企业通过提高供应链信息化、数字化和智能化水平，提升企业的数字化运营效率，可以有效解决上述问题。例如，双汇物流通过用现代科技手段设计的预警系统，对供应链全程进行在线监控，对监控过程中出现的不规范、处理不及时的问题进行预警或报警，并通知相关部门或人员及时处理。该系统通过智能化、自动化数据采集，多渠道、多数据源接入，以业务流程为依托，通过触发点阈值熔断机制实现预警和报警事件自动化通知，加快了相关人员的响应速度，从而提升了客户体验。中通快递建设的订单管理系统（OMS），可实现公司各业务订单按统一标准集中管理，以业务流程全过程数字化管控为目标，实现系统互通、订单互联、物料可视等多维度能力提升，重塑5G物资统一配送标准化运营管理流程，满足物流信息项目可视化及业务全过程数字化管控。

2. 智能物流管理平台高效整合资源，促进供应链上下协同共生

物流企业通过建立智能物流管理平台进行资源整合，实现供应链的协同发展。例如，宏图智能物流股份有限公司自主研发的SCIL智能物流管理平台，可实现统一管理基础数据、驾驶员、车辆、招标等，实现了业务流程中全部文件的上传、分类和管理；为货主提供了货物查询、结算管理等服务，为承运人提供了运输资源管理、车队管理、车辆管理、运单管理、开具发票等服务，突破业务信息流转瓶颈，提高了不同岗位之间的信息传递效率。北京集联运智慧铁路物流园服务平台融合AI、物联网、云计算、移动互联网等新技术，横向与园区现有各个子系统打通，纵向贯穿"端、边、网、云"，打造数字化、智能化、智慧化的园区管控平台，实现园区人、车、货、场四要素的数字化管控，使铁路物流园运行效率有了明显提升。

3. 数字货运平台服务向供应链上下游延伸

网络货运平台数字化，实现物流业务的线上智能运营。中国公路货运行业拥有约6万亿元的市场规模，但交易模式依然较为传统，货主和司机作为市场交易主体在交易链中长期面临诸多痛点问题，如司机找货、货主找车的成本都很高且多依赖熟人模式，价格不透明导致议价过程烦冗，在途运输缺少服务保障导致延期交付，交

易后结算拖延等。这些问题长期制约着行业的规范发展。网络货运平台的数字化发展有效解决了上述问题。例如，哒哒智运以数字科技重构物流全流程服务，致力于打造智慧供应链服务平台，实现物流全流程可视化、数字化、智能化经营。平台将实体货源在线上进行分类展示，利用信息系统登记并整合社会零散运力资源，根据司机运力画像、信用画像为其匹配货源。平台通过App定位可实时查询在运途中车辆位置，对运输轨迹实施监督，有效节省了司机往返时间成本和额外支出，并且系统的精准匹配有效增加了运输趟次和装载量。同时，平台信息化使得车、货两端参与效益得到显著改善，进一步增强了平台的集聚效应，有助于形成较强的客户黏性。此外，平台具备在线跟踪功能，可实现回执单据实时上传，查看收货人是否签收完成。平台整合供应链资源及司机情况，打造信息化智能数据库，可对司机和车辆信息进行维护管理，货主可以实时搜索查询运力资源。平台相关政策可降低货主运费成本，有效缓解企业成本压力。

4. 数字化转型促进仓储物品全程追溯管理

传统物流企业的仓储管理中，绝大多数货场仍在使用人工盘点，人工盘点费时、费力且准确率低，缺乏智能化手段实现对货物的实时记录、监控与报警。数字化仓储管理能够实现物品全程追溯管理。例如，厦门国贸集团股份有限公司自建了"国贸天眼"数字化风控平台，该平台的子项目——智慧仓储监控系统，通过区块链、物联网、三维实景建模等技术的复合运用，实现对大宗商品仓储物流环节的智能、敏捷、精益管理，可实现散货的高效、精准盘点。有异常情况发生时，虚拟电子围栏将触发报警系统，抓拍现场图像，并发送至后台系统，实现实时预警。

三、物流企业数字化转型挑战

（一）物流企业对数字化转型的认知不足

1. 物流企业管理观念和设施设备老旧，从业人员专业化水平低

现阶段大部分物流企业主要由传统物流企业转型或投资而成，企业规模有限、根基不深，原有的物流设施设备智能化程度低，以人工操作为主，自动化分拣、搬运、装卸等设施设备应用不足，物流专业化水平不高，这些因素制约着整体效率提升。有些物流企业尚未实现全面的信息化采集，企业数字化转型受阻，未能运用数字化技术为企业赋能。同时，有些物流企业的从业人员专业化水平低，未受过专业知识的培训，其操作未能在专业指导下得到应有的品质保障，常常导致冷链物品在流通、储藏、销售等过程中损耗严重。

2. 信息化与数字化的认知误区和执行困难

部分物流企业在进行数字化转型时，往往存在着将信息化简单等同于数字化的认知误区，同时不能充分认识到不同企业数字化路径与策略不尽相同、数字化转型需要全面系统的变革等，导致数字化转型的目标不清晰、方案不合理、效果不显著。

例如，一些物流企业认为信息化就是购买和使用一些软件和硬件，而忽视了信息化的本质是利用信息技术提高企业的运营效率和管理水平。还有一些物流企业盲目地跟随其他企业的数字化实践，而没有根据自身的特点和需求制定适合自己的数字化战略。此外，物流企业在数字化转型过程中还面临着数据质量和数据清理、源系统的协调与现代化、组织结构和文化的调整等方面的困难，影响了数字化转型的进程和效果。数据是数字化转型的基础，但是很多物流企业的数据存在不完整、不准确、不一致等问题，需要进行大量的数据清理和验证工作。此外，部分物流企业的源系统往往是分散的、陈旧的，需要进行集成和更新，以实现数据的共享和流动。

（二）组织结构难以重构

物流企业在数字化转型的过程中，组织结构重构是一个重要的环节。然而，很多企业在这一过程中面临着组织结构难以重构的问题。物流企业数字化转型过程中组织结构难以重构的原因主要包括传统组织结构僵化、部门间信息壁垒、缺乏数字化人才、培训和推广成本高、风险评估与控制困难、既有流程与数字化改造冲突以及缺乏有效的激励机制。

物流企业的传统组织结构通常以职能部门为基础，这种结构在数字化转型过程中难以适应新的业务需求和市场变化。物流企业内部部门之间存在信息壁垒，导致信息不畅通、协同效率低。这不仅影响了企业的运营效率，还增加了企业的运营成本。数字化转型需要具有数字化思维和专业技能的人才支持，然而很多物流企业缺乏相应的数字化人才。数字化转型需要对企业内部员工进行培训以及对数字化技术进行推广，这需要大量的时间和资金投入，然而很多物流企业面临着培训和推广成本高的问题。在数字化转型过程中，企业会面临诸多风险，如技术风险、信息安全风险等，然而很多物流企业存在风险评估和控制困难的问题。物流企业在数字化转型过程中，还面临着既有流程与数字化改造冲突的问题。这主要是因为传统流程与数字化流程之间存在较大的差异，二者难以顺利衔接。此外，有效的激励机制是推动企业数字化转型的重要因素之一，然而很多物流企业在数字化转型过程中缺乏有效的激励机制。这些因素都制约了企业数字化转型的推进。

（三）数据安全问题

随着科技的快速发展，物流企业正在经历着前所未有的数字化转型。然而，在数字化转型过程中，数据安全问题日益凸显，包括数据泄露风险、数据合规性风险、与第三方合作的风险等。数据泄露风险是物流企业数字化转型面临的重要安全问题之一。数据泄露的原因可能包括内部人员疏忽、外部攻击等。为降低数据泄露风险，企业需要加强数据访问权限管理，实施严格的数据分类和保护措施，并定期对数据进行安全审计。物流企业在数字化转型过程中需要遵守相关法律法规，确保数据的合规性。例如，涉及个人隐私的数据需要符合《通用数据保护条例》（GDPR）等国际法规要求。企业需要对数据进行分类，明确哪些数据可以收集、存储和使用，并制定相应的操作规范，以确保合规性。物流企业在数字化转型过程中可能需要与第三方合作，在与第三方合作时，企业需要选择可信的合作伙伴，并签订严格的合同和保密协议，明确双方的数据安全责任和义务。同时，要确保在与第三方合作的过程中数据的安全性，例如采用加密技术、访问控制等措施来保护数据，避免数据被泄露或篡改。

增强员工数据安全意识是保障物流企业数据安全的必要手段。企业需要定期开展数据安全意识培训，使员工了解数据安全的重要性，知道如何保护数据以免被外部人员获取，以及如何避免内部人员泄露数据。同时，要建立员工保密协议，明确员工对数据的保密义务和法律责任。建立完善的数据安全政策和流程是保障物流企业数据安全的关键。企业需要明确各个部门在数字化转型过程中的职责，制订应急预案和定期演练计划。同时，要设立专门的数据安全团队或岗位，负责监督和管理数据安全工作，确保各项政策和流程得到有效执行。

【实践前沿4-1】
"虚拟"顺丰来了！数字孪生如何让物流更高效

任务实施

「步骤1」自由组合，2~3人一组，注意成员间的分工合作。

「步骤2」搜索物流行业的头部企业，并收集这些企业数字化转型的相关信息，列举出这些企业数字化转型的成功之处及不足之处。

「步骤3」讨论所选物流企业的发展现状。

「步骤4」分析物流企业数字化转型的必要条件。

「步骤5」分析物流企业数字化转型面临的问题。

任务评价

教师对各组进行综合评价，参见表4-1。

表4-1 物流企业数字化转型认知评价表

序号	评价内容	分值	得分	自我评价
1	头部物流企业的选取具有代表性	30		
2	所选企业的现状分析全面、准确	30		
3	转型必要条件总结条理清晰、观点明确	20		
4	转型问题分析透彻全面	20		
	合计	100		

任务二　物流企业数字化运营优化

任务描述

小李所在的物流企业通过一段时间的论证，准备制定企业数字化转型升级的战略。企业数字化转型的推进会涉及企业组织的重构，如果你是小李，你会给出什么样的建议？

任务要求

（1）分析物流企业数字化转型过程中组织重构的必要性。
（2）思考物流企业数字化转型的步骤。

一、物流企业数字化转型模式

（一）技术驱动模式

1. 大数据应用

有些物流企业运用先进的数据采集技术，广泛收集海量且多维度的运输数据、仓储数据以及客户数据。在运输路线优化方面，借助高性能的大数据分析引擎，深度融合历史交通数据与精准的天气预测模型，运用复杂的算法对不同时间段的路况进行精准预测，从而规划出兼具时效性与成本效益的最优运输路线。同时，通过运用数据挖掘与机器学习算法对客户订单数据进行深度剖析，精准洞察客户的消费习惯和潜在需求，进而依托智能库存管理系统提前进行库存调配，显著提升客户满意度。

2. 物联网技术

在物流行业迈向数字化转型的进程中，越来越多的企业开始将物联网设备广泛部署于各类物流设施上。例如，在货车上精准安装高精度的 GPS 定位装置，搭配能敏锐感知环境温湿度变化的传感器，为运输过程提供全方位数据采集。在仓库内部布局智能货架系统，并配备先进的库存监测设备，实现仓储管理的智能化与精细化。借助物联网强大的互联互通能力，企业实现对货物运输全程及仓储各环节的实时、全方位监控。凭借这一高效监控体系，企业能够迅速、精准地捕捉各类异常状况，如货物存储环境温度异常、车辆偏离既定路线等。一旦发现异常，企业即刻启动应急预案，采取有效措施，保障货物安全、准时送达。

3. 人工智能与机器学习

在物流数字化转型过程中，人工智能与机器学习技术堪称变革的核心驱动力。如运用人工智能技术实现智能仓储管理，通过机器学习算法对货物的出入库数据进行学习，自动安排货物的存储位置，提高仓库空间利用率。在客户服务方面，利用聊天机器人自动回答客户的常见问题，不仅能快速响应客户需求，节省人力成本，还能通过机器学习模型，使其能够快速理解客户多样的提问方式，精准识别各类常见问题。无论是追踪货物运输轨迹，还是询问物流费用计算方式，聊天机器人都能凭借对大量客服对话数据的"学习"，高效给出准确回复，这极大减少了人工客服的投入，有效提升了客户服务效率与体验。

（二）业务流程重塑模式

1. 端到端流程优化

在物流企业数字化转型的进程中，越来越多的企业意识到端到端流程优化是关键环节，即对企业的整个业务流程进行重新梳理，从订单接收、仓储管理、货物运输到最后的交付环节，实现无缝衔接。例如，当客户下达订单后，系统自动将订单信息传递到仓储部门，仓储部门根据库存情况安排货物拣选和包装，同时运输部门收到通知准备车辆和司机，整个过程实现信息的实时共享和流程的高效运转。

2. 供应链协同

在物流企业数字化转型的架构下，供应链协同的数字化转型模式至关重要。此模式强调物流企业需与上下游企业构建起紧密且高效的数字化协同平台，以此为依托实现全方位的信息共享。如物流企业借助先进的信息化系统，将自身库存信息实时、精准地反馈给供应商，供应商据此合理规划生产与补货计划，有效避免因库存短缺或积压而造成的供应链中断或成本增加。物流企业也通过数字化协同平台，将货物运输的实时进度信息与客户进行共享，以便客户能实时获取货物的位置、预计到达时间等关键状态信息，这不仅能提升客户的接货效率，还能提高客户对物流服务的满意度。通过供应链协同，可以有效提高整个供应链的效率和响应速度。

（三）组织变革模式

1. 建立数字化团队

通过广泛招聘与系统培养，汇聚具备扎实数字化技能的专业人才，构建一支结构合理、能力突出的数字化团队,是物流企业推进数字化转型的关键举措。一般数字化团队在企业数字化转型中承担着核心职责,如制定符合企业长远发展的数字化战略规划,确保企业数字化发展方向的正确性与前瞻性;主导数字化项目的全面实施,从项目筹备、方案设计到落地执行,保障项目有序推进,达成预期目标;开展针对企业全体员工的数字化培训,提升员工数字化素养与操作技能,促进数字化理念在企业内部的深度渗透。当今物流行业正面临着市场竞争日益激烈、客户需求愈发多元、技术迭代持续加速的复杂局面,而数字化团队是企业突破困境、实现转型发展的关键保障。

2. 跨部门协作

物流企业在数字化转型过程中,迫切需要打破企业内部各部门间的壁垒,实现跨部门协作至关重要。设立专门的跨部门数字化项目小组,有助于集合来自不同部门的专业人员,合力推动数字化项目在企业各部门的顺利落地。如在推进仓库数字化时,由仓储部门提供专业的仓储业务流程与实际需求,确保数字化方案贴合业务实际;信息技术部门负责搭建数字化系统架构,保障技术实现的可行性与先进性;财务部门对项目预算进行合理规划与严格把控,保证项目在成本可控范围内高效推进。这种跨部门协作模式能够整合各部门优势资源,有效解决数字化项目在推进过程中面临的技术难题、业务流程适配问题以及成本管理挑战等,提升企业在数字时代的核心竞争力。

(四)服务创新模式

1. 提供增值服务

物流企业依托先进的数字化技术,可以为客户拓展更为丰富多元的增值服务体系。如借助功能完备的线上平台,推出货物定制化包装服务,不仅能满足客户对货物包装个性化的追求,还能有效提升货物在运输过程中的安全性与防护性。通过搭建与保险公司对接的数字化平台,方便客户在下单时在线购买货物运输保险,这不仅能够缩短理赔周期,实现快速理赔,还能为客户提供坚实的风险保障,有力提高了客户对物流服务的信任度与满意度。

2. 打造数字化物流平台

越来越多的企业开始打造集物流信息发布、订单管理、货物跟踪、在线支付等功能于一体的数字化物流平台,借此来连接客户,吸引众多第三方物流服务提供商入驻,进而构建起一个互利共赢、协同发展的物流生态系统。对于客户而言,依托平台简洁直观的交互界面,能够便捷地选择契合自身需求的物流服务,提升物流服务选择效率与精准度。对物流企业而言,依托平台能够有效拓展业务覆盖范围,接触到更为广泛的客户群体,同时精准洞察市场需求,增强市场竞争力,进而推动整个物流行业朝着数字化、智能化、高效化方向迈进。

二、物流企业数字化转型推进过程

（一）物流企业数字化转型的组织重构

1. 物流企业数字化转型组织重构的步骤

组织架构主要是由技术水平和组织架构要实现的功能两方面决定的，而功能又是由企业战略所确定的目标决定的，因此，可以得出物流企业数字化转型中组织重构的步骤（见图 4-1）。

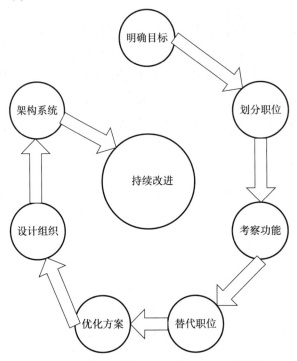

图 4-1　物流企业数字化转型组织重构的步骤

（1）明确目标。根据战略指导组织的逻辑，通过战略目标的分解，明确组织的目标。

（2）划分职位。根据确定的目标设计组织的层级，同时设计各层级中各职位（岗位）的功能（包括责、权、利等）。

（3）考察功能。考察数字化技术及其关联技术的功能能否替代某职位的功能。

（4）替代职位。对功能能够被替代的职位，用数字化技术及其关联技术进行替代，同时对技术进行优化。

（5）优化方案。对不能用数字化技术及其关联技术替代的职位，仍需要用人工，但应考虑组织方案的优化（其中包括采用技术手段进行支撑的问题）。

（6）设计组织。根据上述分析结果，综合考量设计组织结构。

（7）架构系统。在综合考量企业整体组织架构设计（包括对外部组织功能的衔接）的基础上，架构数字化系统（包括对数字化技术及其关联技术的衔接）。

（8）持续改进。将上述组织结构方案进行落地实施，并不断进行反馈和持续改进。

2. 数字化转型中柔性组织的构建

上述物流企业数字化转型的组织重构方法主要是针对企业的人力资源组织架构来探讨的。从整体范畴来看，企业的资源种类众多、数量庞大，而在数字经济环境下，数据也是一种重要的资源，且信息主要以数据的形式呈现，因此，物流企业关注的资源主要有业务资源、资金资源和数据资源。与传统环境下不同的是，数字经济环境下企业的经营管理显示出一些新的特征，如精准、跨界、融合、链接、共享、共创、生态等，这些特征表现在不同的供需关系上，必然以个性化的形式呈现出来（如个性化的需求和个性化的供给）。因此，企业在资源整体的组织和利用上必须考虑的一个核心问题是如何通过提升资源配置效率和增强"柔性"（灵活性）来满足供需双方的个性化需求。因此，对于物流企业而言，通过数字化转型构建一个柔性化的组织架构是至关重要的。

数字化背景下物流企业柔性化组织构架如图4-2所示。在该组织中，各类资源动态地存储在资源层的资源池中，价值活动单元是资源的动态组织单元，不同价值活动单元的活动形成了不同服务的组合类别，进而为客户和企业创造了不同的价值。

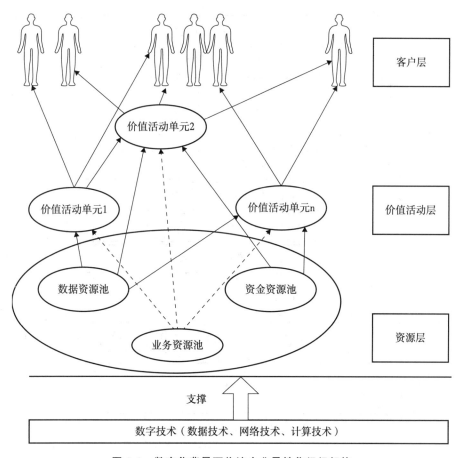

图4-2 数字化背景下物流企业柔性化组织架构

例如，在数字经济环境下，阿里巴巴旗下的盒马鲜生模式对传统大中型超市的经营产生了较大冲击，盒马鲜生充分拓展了传统商超商品零售的单一模式，消费者既可以到店购买，也可以线上下单，由门店送货上门。所有这些服务都可以实时在线下（自助设备或人工服务）或通过盒马App结算。可以说，这种集线上线下购物结算、商品零售、食材加工、餐饮服务、外送服务及其他惠民服务于一体的跨界融合定制模式已经是当前商超转型的一个方向。

同时，数字经济环境下，在互联网的广泛连接、精准的企业内外部环境把控以及客户需求/参与大数据的有力支撑下，企业可以方便地实现跨界融合和客户深度参与的个性化定制模式，而不再局限于传统单一行业内产品或服务的定制。这种新型的个性化定制模式也对物流企业组织架构的"柔性"提出了新的挑战，企业必须构建柔性化组织架构以实现有效的支撑。

（二）物流企业数字化转型步骤

物流企业在推进数字化转型工作时，主要应进行四个步骤的操作（见图4-3）：一是物流企业数字化现状调研；二是物流企业数字化转型总体规划方案制定；三是物流企业数字化转型具体实施方案制定；四是物流企业数字化转型方案落地与改进。

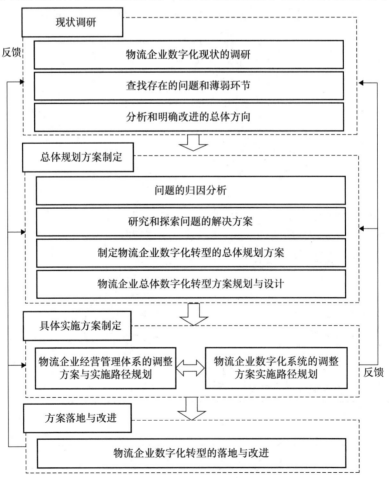

图4-3　物流企业数字化转型步骤

第一步：物流企业数字化现状调研。通过对物流企业数字化现状的调研，找出物流企业数字化转型存在的问题和薄弱环节，通过分析问题，明确物流企业数字化改进总体方向。

第二步：物流企业数字化转型总体规划方案制定。通过对问题的归因分析，研究和探索问题的解决方案，制定物流企业数字化转型的总体规划方案。

第三步：物流企业数字化转型具体实施方案制定。制定企业经营管理体系的调整方案与实施路径以及企业数字化系统的调整方案与实施路径，分别从企业的经营管理逻辑和数字化赋能逻辑的角度并行推进企业的数字化转型。

【实践前沿4-2】
顺丰科技："丰智云"塔、链、策助力千行百业数字化转型

第四步：物流企业数字化转型方案落地与改进。将方案落实并在实施过程中发现问题，以改进方案。

任务实施

「步骤1」2~3人为一组，任选一家物流企业，分析物流企业的组织结构。

「步骤2」分析数字化转型对物流企业组织结构建设的影响。

「步骤3」分析物流企业数字化转型组织重构的步骤。

任务评价

教师对各组进行综合评价，参见表4-2。

表4-2　物流企业数字化转型组织重构分析评价表

序号	评价内容	分值	得分	自我评价
1	能准确、合理地分析物流企业的组织结构	30		
2	影响分析深入透彻全面	30		
3	物流企业数字化转型组织重构步骤清晰	40		
	合计	100		

任务三　物流企业数字化协同发展

任务描述

小李所在的物流企业在数字化转型过程中，发现企业数字化协同发展对企业数字化运营有重大影响，现在该企业正在研讨物流企业数字化协同发展的路径，如果你是小李，你又会给出什么样的建议？

任务要求

（1）分析物流企业数字化协同发展的内容。
（2）探讨物流企业数字化协同发展的路径。

一、物流企业数字化协同发展概述

（一）物流企业数字化协同的概念

物流企业数字化协同是指物流企业在数字化环境下，通过信息技术、物联网、大数据分析、AI技术等协同完成某项任务或实现某个目标，在助力物流行业降本增效提质的同时，通过数字决策、敏捷创新为物流企业及供应链数字化转型赋能。物流企业推进数字化建设，需要遵循明路径、定策略、以价值为中心的原则。

（二）物流企业数字化协同发展的重要性

1. 数字化协同发展有助于供应链各环节的高效运作

首先，数字化协同发展使得供应链各个环节之间的协调更加紧密和高效。通过数据的实时共享和流程的协同优化，物流企业能够实现供应链的无缝连接，减少信息传递和执行的延误，提高工作效率和准确性。其次，数字化协同发展能提高供应链管理的灵活性和适应性。通过数字化协同，物流企业能够快速响应市场变化，进行供应链规划和调整，以适应消费者需求的变化和业务环境的动态变化。最后，数字化协同发展还能提高物流流程的可见性和追踪性。通过人工智能技术的运用，物流企业能够全面监控供应链活动，及时发现和解决问题，提升供应链的可靠性和稳定性。

2. 数字化协同发展有助于提高价值和收益

首先，数字化协同发展能够降低物流企业的成本和风险。通过数字化协同，物流企业能够实现库存的精确控制和调配，减少过剩和缺货的情况，降低库存成本和资金占用。同时，数字化协同发展还能够提高供应链的可靠性和灵活性，减少供应链中断和风险事件的影响，减少物流企业的损失。其次，数字化协同发展能够提升物流企业的客户满意度和竞争力，通过更高效的供应链协同，物流企业能够提供更准时、可靠的交付服务，提高客户的满意度，提升品牌形象和竞争力。最后，数字化协同发展还能够加速创新和推出新服务，帮助物流企业在市场竞争中占据先机，获得更大的市场份额和利润。

二、物流企业数字化协同发展内容

（一）供应链信息协同

1. 数据标准化和共享平台构建

数据标准化是实现供应链信息共享的基础。构建供应链信息共享平台，需要制定一套统一的数据标准，规定数据的格式、内容和交换方式。不同的参与方可以按照相同的标准采集、存储和传递数据，实现数据的兼容和无缝连接。共享平台的建立有助于实现数据的实时共享，提供统一的数据交换和共享的环境；通过共享平台，各参与方可以上传和获取与供应链相关的数据，从而实现信息的共享与协同。数据标准化和共享平台的构建不仅有助于提高供应链信息的准确性和一致性，还能简化信息传递的流程，提高信息处理效率，实现各环节之间的实时数据共享与协同，最终促进供应链整体效能的提升。

2. 信息流的协同管理和应用

供应链伙伴关系的建立和维护是实现供应链信息共享的重要保障。在供应链数字化背景下，建立良好的伙伴关系对实现信息协同发挥着关键作用。首先，建立互信和合作的伙伴关系。通过数字化技术的支持，各参与方能够更加方便地共享信息和资源，从而增强了合作的基础。因此，物流企业需要与供应链上的其他企业建立起互信和合作的伙伴关系，共同推动信息共享。其次，共同制定协同发展的目标和策略。供应链伙伴之间需要明确共同的发展目标，确定协同发展的策略和计划，通过共同的努力和协作，共同推动供应链的数字化转型和协同发展。建立和维护良好的供应链伙伴关系，能够为供应链信息共享与协同提供良好的合作基础；通过共同努力和协作，物流企业能够与供应链上的其他企业共同推进供应链的数字化和协同发展，提高供应链的整体效能和竞争力。

3. 供应链伙伴关系的建立和维护

供应链伙伴关系的建立和维护是实现供应链信息共享的重要保障。在供应链数字化背景下，建立良好的伙伴关系对于实现信息共享发挥着关键作用。首先，建立互信和合作的伙伴关系。通过数字化技术的支持，各参与方能够更加方便地共享信息和资源，从而增强了合作的基础。因此，物流企业需要与供应链上的其他企业建立起互信和合作的伙伴关系，共同推动信息共享。其次，共同制定协同发展的目标和策略。供应链伙伴之间需要明确共同的发展目标，确定协同发展的策略和计划，通过共同的努力和协作，共同推动供应链的数字化转型和协同发展。建立和维护良好的供应链伙伴关系，能够为供应链信息共享与协同提供良好的合作基础；通过共同努力和协作，物流企业能够与供应链上的其他企业共同推进供应链的数字化和协同发展，提高供应链的整体效能和竞争力。

（二）数字化仓配高效协同

1. 数字化仓储与数字化配送的发展

在数字化背景下，物流企业可以应用先进的技术和设备，实现仓储设备的智能化和自动化，进一步提升仓储效率和运作质量。一方面，利用物联网技术、传感器技术和机器人技术，使仓储设备具备智能感知和自主决策的能力。通过安装传感器和监控设备，可以实时监测仓库的温度、湿度、空气质量等物理环境参数，保障货物储存的安全和质量。机器人技术的应用可以实现仓库的自动化操作，如自动索取和存储货物、智能派件等，提高仓储的效率和准确性。另一方面，利用大数据分析和人工智能技术，对配送数据进行实时监测和分析。通过对历史数据进行挖掘和分析，可以对货物未来的需求进行预测，根据客户订单数据生成配送策略，采用数字化技术优化配送路线，实现高效的配送管理。

2. 仓储和配送数据的实时监控

在数字化背景下，实时监控仓储和配送数据是实现仓储和配送协同的重要手段，通过实时监控仓储和配送数据，物流企业可以及时了解货物的存储和配送情况，提高供应链的可控性和运营效率。首先，在仓储方面，可以利用物联网技术和传感器技术等，实时监测仓库的货物存储情况和环境参数。通过将传感器安装在货架和货柜上，可以实时监测货物的存储情况，包括货物数量、存放位置等。其次，在配送方面，可以利用GPS定位技术以及物联网和云计算等技术，实时追踪配送车辆的位置和行驶状态。通过实时监控车辆的位置，物流企业能够及时调整配送路线和避免拥堵，提高配送的效率和时效性；还可以实时获取配送的数据和信息，包括配送时间、签收情况等，以便实时进行数据分析和决策。通过实时监控仓储和配送数据，物流企业能够及时了解供应链上各环节的情况，实现仓储和配送环节的协同管理和优化，实时数据监控还有助于提高供应链的透明度和反应速度，为企业的决策及调整提供依据和支持。

（三）金融与物流服务协同

1. 供应链金融服务的数字化创新

在数字化背景下，物流企业可以利用数字化技术创新，推动供应链金融服务的发展与协同。通过数字化创新，可以提高金融服务的效率和可靠性，为物流企业提供更好的金融支持和服务。首先，物流企业可以利用大数据分析和人工智能技术，对供应链上的各种数据进行挖掘和分析，降低金融风险，提高金融决策的准确性。通过分析供应链上的订单信息、库存情况、供应商和客户的信用信息等，可以更好地评估企业的信用风险，为企业提供风险管理和融资决策的依据。其次，物流企业可以通过区块链技术实现供应链金融服务的可靠性和安全性。区块链提供了去中心化的数据存储和交换方式，确保金融交易的透明性和安全性，通过应用区块链，可以更好地管理供应链上的交易数据和信息，加强对交易的监控和溯源。

2. 金融和物流服务的数字化整合

数字化背景下的物流企业协同发展需要实现金融和物流服务的数字化整合，通过数字化整合，可以实现金融与物流服务的高效协同，提供更加贴合实际需求的综合服务。首先，可以将金融服务融入物流环节，提供更便捷的金融服务。例如，可以通过数字化技术将物流企业的订单和运营数据与金融机构的信贷服务相连接，实现智能化的贷款审批和风险管理。其次，可以将物流服务融入金融环节，提供全方位的物流解决方案。通过数字化技术，物流企业可以提供更准确和实时的物流信息和服务，为金融机构提供有关供应链、库存和配送情况的数据支持。金融和物流服务的数字化整合，可以实现服务的高效协同和优化，提高供应链的运作效率和企业的竞争力，为物流企业提供更多的金融支持和服务，为供应链的协同发展建立良好的基础。

三、物流企业数字化协同发展路径

（一）企业间数字化合作与共享

1. 建立和维护供应链伙伴关系

在供应链数字化的背景下，物流企业需要与供应链伙伴之间建立起紧密的合作关系，以实现双方的共同发展和优势互补。首先，物流企业可以通过建立长期稳定的合作关系，与供应链伙伴建立起信任和互惠的合作基础，通过签订合作协议和合同，明确双方的权责和利益，建立共同的目标和规则。这有助于合作伙伴之间增强经济联系，提高协同作业的效率。其次，可以通过共享信息和资源，实现供应链伙伴之间的协同合作。物流企业可以与供应商、制造商、零售商等合作伙伴分享订单信息、库存情况、运输状态等数据，提高供应链的可见性和协同效率。

2. 建设数据共享和协同平台

在供应链数字化的背景下，物流企业需要建设数据共享和协同平台，实现供应链伙伴之间的信息共享和协同作业。首先，可以建立供应链数据共享平台，整合各个环节的数据，实现信息的实时共享和可追溯。通过建设统一的数据标准和接口，实现不同系统之间的数据交换和共享，使供应链伙伴能够通过平台共享订单状态、库存情况、供应商和客户信息等，提高供应链的可见性和协同效率。其次，可以建设供应链协同平台，通过该平台，供应链伙伴可以实时共享业务信息、交流沟通、协同决策并协同优化。

（二）行业间数字化协同发展

1. 行业标准的制定和推广

在供应链数字化发展的背景下，物流企业可以与行业内的各个参与方共同制定和推广行业标准，实现行业间的协同发展和规范化运作。首先，物流企业可以与行业协会、政府部门等合作伙伴共同制定行业标准，这些标准涵盖了供应链数字化的各个方面，包括数据交换标准、业务流程标准、安全标准等。通过制定行业标准，可以统一行业内的操作规范和标准，提高供应链的整体效率和可靠性。其次，可以积极推广行业标准，促进其在行业内的广泛应用。通过组织行业会议、研讨会等方式，向行业内的企业和其他参与方介绍和宣传行业标准的重要性和优势。最后，可以鼓励和支持物流企业采用符合行业标准的技术和流程，推动行业内的数字化转型和协同发展。

2. 行业间信息共享和协同创新

供应链数字化的协同发展需要行业间的信息共享和协同创新，物流企业可以与其他行业参与方合作，促进行业间的共同发展和优势整合。首先，可以建立行业间的信息共享平台，将不同行业的数据和信息进行整合和共享。通过共享关键数据和信息，可以提高行业参与方对供应链的认识和理解，实现更加精确和及时的决策。其次，

【实践前沿4-3】
京东·西南数字化产融协同平台：
数实融合助力服务业高质量发展

可以通过建立行业间的合作机制，推动协同创新和资源的整合。通过与其他行业的企业、研究机构等合作，融合不同行业的技术和经验，推动供应链的数字化创新和效能增进。

任务实施

「步骤1」自由组合，2~3人一组，注意成员间的分工合作。
「步骤2」分析物流企业数字化协同发展的重要性。
「步骤3」分析物流企业数字化协同发展的内容。
「步骤4」探讨物流企业数字化协同发展的路径。

任务评价

教师对各组进行综合评价,参见表4-3。

表4-3 物流企业数字化协同发展认知评价表

序号	评价内容	分值	得分	自我评价
1	必要性分析深入透彻	30		
2	协同发展内容完整全面	30		
3	协同发展路径明确可行	40		
	合计	100		

同步实训
物流企业数字化转型组织结构重组

实训背景

物流企业在数字化转型过程中,传统的组织结构由于缺乏灵活性和敏捷性,难以满足数字化转型的要求。物流企业数字化转型需要高层领导的支持和决策,但在一些企业中,领导层对数字化转型重要性和优先级的认识不足,缺乏明确的数字化战略目标,可能导致资源分配不当和决策推迟。数字化转型涉及多个部门和业务单位,需要跨部门的协作和沟通。然而,部门之间往往存在信息沟通不畅、利益冲突和合作不足的问题,从而阻碍数字化转型项目的推进。此外,企业也可能存在保守的组织文化而妨碍变革管理。请探讨物流企业在数字化转型过程中,如何进行组织文化变革及组织结构重组。

实训目的

使学生进一步掌握物流企业数字化转型中组织文化的变革和组织结构的重组。

实训准备

通过实地调研头部物流企业,了解这些企业在数字化转型中是如何进行组织文化变革及组织结构重组的。

实训组织

(1)学生分组自行选择一个正在进行数字化转型升级的物流企业,分析该物流企业原有的组织文化和组织结构。

(2)结合该物流企业数字化转型的目标,分析如何重组组织结构才能提高数字化转型的效率。

实训评价

教师对各组进行综合评价，参见表4-4。

表4-4　物流企业数字化转型组织结构重组评价表

序号	评价内容	分值	得分	自我评价
1	所选物流企业具有代表性	20		
2	企业现有组织文化和结构分析透彻	20		
3	组织文化变革合理	20		
4	组织结构重组方案切实可行	20		
5	具有较强的逻辑思维能力和语言表达能力	20		
	合计	100		

【自测评估】

项目五 数字化国际物流运营

任务一 数字化国际物流认知
任务二 数字化跨境物流运营
任务三 数字化货运代理运营
同步实训 国际物流企业数字化转型分析

学习目标

◆ **素养目标**

(1) 树立数字意识和数字思维,提升数字治理能力。
(2) 具备国际视野,增强爱国主义情怀和民族自豪感。
(3) 树立爱岗敬业服务意识,提升责任意识和团队合作精神。

◆ **知识目标**

(1) 了解数字化国际物流、跨境物流、国际货运代理的概念和特点。
(2) 熟悉数字化国际物流运营的技术应用和常用数字化平台。
(3) 熟悉数字化国际物流运营的业务流程。

◆ **技能目标**

(1) 具备数据分析与处理的数字化管理能力。
(2) 能利用数字化平台制定跨境电商物流解决方案。
(3) 能利用数字化货运代理平台进行询价报价。

 思维导图

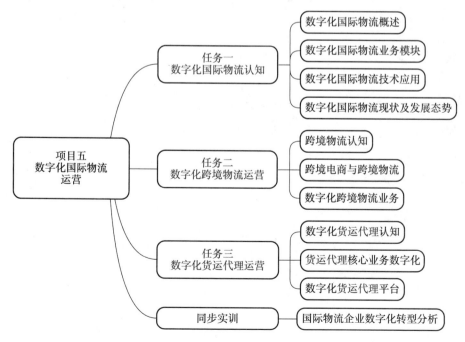

学习导入

物流+数字化成为国际物流重要发展方向

当前，国际物流的痛点，一是速度慢，二是价格高。一件300 g出口到北美的包裹，商业快递可以在2~7日送达，但价格较高，通常为110~120元；邮政价格虽然在50~80元，但时间可能需要10个以上工作日。对于将全球化作为新"战场"的中国快递业来说，这正是机会所在，习惯了中国便捷的物流，消费者和企业也会要求国际物流是便捷、高效的。

目前我国从事跨境电商的企业众多，这不仅激发了我国外贸业务的活力，也促进了国际物流业的发展。国际货贸运输涉及陆运物流、海运物流、空运物流、管道物流、多式联运物流等多种运输方式。随着数字化技术不断发展成熟，行业数字化生态也逐步完善。其中，国际物流的电子商务数字化技术应用成熟度最高，已广泛应用于供应链管理、在线订舱、干线运输等领域。物流+数字化必然会成为国际贸易行业重要的发展趋势，能够率先在行业快速发展，获得引领地位的企业，有望成为推动行业跃层式快速发展的重要动力。

未来，数字化全球物流将成为我国工业高质量发展、供应链跨国布局的重要推动力量，为优化国际航运中心营商环境，提升国际循环质量和水平，提升产业链、供应链韧性和安全水平贡献力量。

（资料来源：中研网）

思考：进入数字化时代，物流企业应当如何应用新技术手段实现国际物流的数字化运营？

任务一　数字化国际物流认知

任务描述

小王是一家跨国贸易公司的新员工,负责管理公司的国际物流运输业务。随着技术的不断革新与发展,现有的技术已经不能满足公司业务发展的需求。小王意识到,公司需要利用新的数字化手段,提高信息流畅度和运营效率。

任务要求

(1) 收集物流领域最新的数字化工具或技术,了解其在国际物流中的具体应用。

(2) 选定其中一种技术,详细介绍其在国际物流中的具体应用,包括但不限于货物运输、物流效率、客户服务等方面。

(3) 分析使用选定的数字化技术后国际物流服务的效果。

(4) 比较使用数字化技术前后的数据和指标,评估其对业务运营的影响。

(5) 小组合作完成任务,分工合作,确保每个成员都参与其中并做出贡献。

一、数字化国际物流概述

(一) 国际物流的概念

国际物流又称全球物流,指生产和消费分别在两个或两个以上的国家独立进行时,为克服生产和消费之间的空间距离和时间距离,对物资进行物理性移动的一项国际商品交易或交流活动。国际物流以完成国际商品交易为最终目的,即为实现卖方交付单证、货物和收取货款,买方接受单证、支付货款和收取货物创造条件。

国际物流的实质是根据国际分工的原则,依照国际惯例,利用国际化的物流网络、物流设施和物流技术,实现货物在国际的流动与交换,以促进区域经济的发展与世界资源的优化配置。国际物流的总目标是为国际贸易和跨国经营服务,即选择最佳的方式与路径,以最低的费用和最小的风险,保质、保量、适时地将货物从某国的供方运到另一国的需方。国际物流业务流程如图 5-1 所示。

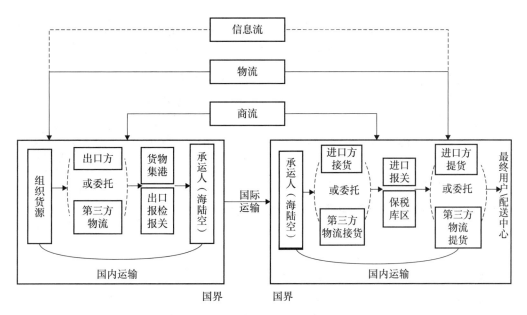

图 5-1 国际物流业务流程

（二）数字化国际物流的概念及特点

1. 数字化国际物流的概念

数字化国际物流是指利用信息技术和数字化工具对国际物流过程进行管理和优化的物流方式。通过数字化技术，国际物流企业可以实现货物的实时跟踪、库存管理、运输路线优化、订单处理等功能，从而提高物流运作效率，降低成本，提升客户满意度。国际物流中数字化技术的应用主要包括以下几个方面：

（1）信息化管理。实现国际物流运营的信息化管理，包括订单管理、库存管理、运输管理等，提高物流运营的透明度和效率。

（2）物联网技术。实现货物的实时监控和跟踪，提高货物运输的安全性和可靠性，减少货物丢失和损坏的风险。

（3）大数据分析。对国际物流运营中的数据进行深度挖掘和分析，为企业提供决策支持，优化运输路线、预测需求变化、降低库存成本等。

（4）人工智能技术。实现国际物流运营的智能化管理，包括智能调度、智能仓储、智能客服等，提升服务水平和用户体验。

（5）数字化支付和结算。实现跨境支付和结算的数字化，简化支付流程，降低成本，提高资金流动效率，促进国际贸易的便利化和快速化。

2. 数字化国际物流的特点

（1）实时性和透明度。实现货物实时跟踪和监控，提高物流运作的实时性和透明度，帮助企业和客户了解货物的实时位置和状态。

（2）智能化管理。借助物联网、大数据和人工智能等技术，实现智能化管理，包括智能预测需求、智能调度运输车辆、智能优化运输路线等，提高运营效率和服务质量。

（3）信息共享和协同。促进信息共享和协同合作，实现物流企业、供应商、承运商和客户之间的信息共享，提高供应链的协同效率和响应速度。

（4）数据驱动决策。通过大数据分析，帮助企业从海量数据中提取有用信息，支持决策制定、优化运输路线、库存管理等，提高运营效率。

（5）安全性和可信度。利用区块链技术确保信息的安全性和可信度，防止信息被篡改和欺诈，提升供应链的安全性和可追溯性。

【实践前沿5-1】
我国快递物流企业全球化趋势加强

（6）可持续性。帮助企业优化运输路线、减少能源消耗和碳排放，实现可持续的物流运营模式，符合环保和可持续发展的要求。

二、数字化国际物流业务模块

按照国际物流端到端运输的上中下游全过程分解，数字化国际物流可以分为物流需求对接、出口物流、运输协同和跨境交付这四个业务模块。

（一）物流需求对接

物流需求对接包括制定完整的物流方案、全程的供应链管理以及完成交易的供应链金融等场景。在物流需求对接的基础上，需要完成出口物流、运输协同和跨境交付这一业务全过程。

（二）出口物流

出口物流包括在线订舱、出口报关、仓储管理和内陆港四个场景。在线订舱后，外贸货物需完成出口报关才可以进行下一步的业务流程，在还未安排运输计划时暂存在仓库里，内陆地区的出口货物在等待转运的过程中则会存放在内陆港。

（三）运输协同

运输协同是针对货物在运输区段间各业务流程的协调，包括数字堆场、港口物流、干线运输和集疏运输四个场景。货物装箱后对集装箱的作业一般是在堆场中进行的，包括重箱和空箱的管理。货物在起运前也会发生一系列的港口物流活动，货物的运输包括干线运输和集疏运输。

（四）跨境交付

跨境交付是针对货物抵达进口国后的物流业务活动，包括进口清关和海外仓两个场景。收货人在提货前应完成相关的进口清关工作，同时提货后可将货物存放在海外仓，从而可以实现海外仓直接本地发货和退换货。

三、数字化国际物流技术应用

(一)业务数字化技术

1. 物联网技术

物联网技术实现了物与物之间的互联和物流过程的可视化、透明化,目前在货物监控、资产管理、车队管理与货品跟踪相关领域应用较为广泛和成熟。例如,中远海运科技股份有限公司开发的"船视宝"系列可视化产品,应用大数据技术、SaaS(Software as a Service,软件即服务)工具、物联网技术等,帮助用户对船舶航行进行全生命周期的智能、动态识别与跟踪。

2. 区块链技术

区块链技术实现了物流过程中信息的可靠传递、资金的可靠流转,目前在资金多方协作下的数据隐私保护、代采代购、存货质押场景中货物资产化和数字化、全球货运信息共享等领域应用较为成熟和广泛。相关企业根据该技术并结合具体业务场景推出在线支付平台、数字仓单等解决方案来保证数据完整可信,解决账实不符等问题。

3. SaaS 工具

SaaS 工具通过云端提供软件服务,用户可以按需订阅并通过互联网使用,而无需购买、安装和维护软件。SaaS 工具以互联网平台+移动互联网平台为载体,将货主、第三方物流公司、承运商、车队、司机和收货人连接在一起,通过从订单的导入,到调度、追踪、异常管理、对账全流程的信息共享,实现物流管理效率与物流产业信息化水平的提升。SaaS 工具在干线运输、仓储精细化管理、出口报关、进口清关等诸多物流场景中具有广泛应用。相关企业以 SaaS 工具为基础推出了在线报关软件、运输管理软件、仓储管理软件等数字化物流解决方案。

4. 电子商务

电子商务实现了物流业务的电子化、数字化和网络化,将物流业务场景从线下拓展到了线上,实现了业务的在线受理。物流企业基于电子商务逐步推出了数字化订舱平台、端到端物流服务平台等物流解决方案。比如,运去哪的国际物流全链路数字化服务平台,可实现在线查价、在线订舱、在线履约、物流追踪、单证文件在线管理、在线费用确认及对账、在线开发票等全流程数字化管理。

(二)流程自动化技术

1. 自动化机械

自动化机械利用自动化、智能化设备来实现物流环节上具体操作的自动化,其在货物自动分拣、仓库盘点、码头集装箱自动化搬运等方面有着广泛的应用。数字化物流企业将该技术运用到实际中相继推出了3D自动化分拣、仓储智能机器人、自动化盘库等智能解决方案。比如,亚马逊应用Kiva智能机器人后,其仓储物流中心的效率明显提高。智能机器人颠覆传统电商物流中心作业"人找货、人找货位"模式,通过作业计划调动机器人,实现"货找人、货位找人"模式,作业效率比传统的物流作业提升2~4倍。

2. 超自动化技术

超自动化技术是RPA技术(Robotic Process Automation,基于软件机器人或人工智能来自动执行重复性、规则性、高频率的业务流程)的进一步发展,用以实现端到端的业务自动化。超自动化技术广泛应用于高度人工化的场景,包括客户管理、款项支付、接收订单和客户数据更新等场景。比如,壹沓科技的Cube Robot数字机器人,应用RPA技术、NLP(Natural Language Processing,自然语言处理)技术等,将货物数据录入ERP(Enterprise Resource Planning,企业资源计划)系统,或者将某一类数据在ERP系统或其他进销存系统和仓储管理系统之间进行转换或更新。根据统计,完成一个跨系统数据转移的操作,人工需要3分钟,而机器人只需要30秒,并且可以保证数据转移过程中实现零误差。

(三)经营智慧化技术

1. 自动驾驶与自动设备

从全球范围来看,多数自动驾驶系统仍然处于自动辅助驾驶阶段,少数能达到在封闭环境或者半封闭环境中实现无人化。自动驾驶在干线物流运输、港口货物运输等场景有着较多应用。比如,天津港集团采用自动驾驶技术进行码头堆场与海侧岸桥之间的全天候自动驾驶集装箱搬运。该技术还可在封闭环境下代替人工集卡作业,作业效率高,环境污染小。此外,物流中自动设备的应用还包括自动分拣系统、自动化包装与贴标系统、自动化输送系统、无人机与无人车配送等,这些自动化设备的应用不仅提高了物流作业的效率和准确性,还降低了人力成本和运营风险,推动了物流行业的现代化和智能化发展。

2. 大数据决策支持

大数据决策在智能管理订单数据、单证识别、车队数字化管理、物流资源最优化配置等方面有着广泛应用。相关企业将大数据决策技术运用到物流业务中,诞生了辅助供应链的决策系统、智能装柜、智慧场站系统、数字化车队管理系统等一系列解决方案。比如,运去哪的船期预测系统,应用大数据分析与决策、人工智能、云计算等技术,提供船期预测服务,基于全球6000艘船舶实时定位数据,以及1200个港口的电子围栏的进出港时间监测,实时预测在运船舶的进港及离港时间。

3. 数字孪生与元宇宙

数字孪生与元宇宙目前尚未得到广泛应用,但在个别业务应用场景(如港口、码头)中,数字孪生、虚拟现实、增强现实、仿真计算等技术要素已经得到一定的应用探索。比如,咪啰科技的超大型集装箱码头数字孪生管控系统,应用数字孪生与元宇宙、大数据分析等,对码头环境进行仿真模拟,优化码头管理作业。采用高保真建模、虚实融合、港口数据关联谱图、效率预警引擎等技术,实现码头运行情况复现、生产指标监测、机械配置优化、智能决策验证与故障预判等功能。

四、数字化国际物流现状及发展态势

(一)数字化国际物流现状

从业务角度分析,数字化国际物流可以从业务数字化、流程自动化、经营智慧化三个阶段来分析。

1. 业务数字化(数字化进程基础阶段)

业务数字化阶段主要是利用电子化、信息化的方式去传递和保存物流信息,实现物流业务的在线受理,物流节点的全面可视,信息、资金的可靠流转。例如,运去哪推出的一站式国际物流在线服务平台,帮助托运人、货运代理通过平台快速得到端到端的综合物流解决方案与报价,实时锁定舱位,在线下单,以及获得船期预测、物流追踪、箱货管理等一站式全链路履约服务。

2. 流程自动化(数字化进程过渡阶段)

流程自动化阶段是在业务数字化的基础上,利用自主机器设备、数字机器人、自动驾驶等相关技术来实现物流链条全流程操作的自动化。例如,壹沓科技的数字机器人可以帮助企业快速弹性部署、打破时空限制,7×24小时远程高效工作的数字化劳动力,可以实现小到人事、财务、IT运维等部门工作,大到企业全局布局的全覆盖。

3. 经营智慧化(数字化进程高级阶段)

经营智慧化阶段是在流程自动化的基础上,利用人工智能、大数据、数字孪生等相关技术,在无需人工干预的条件下实现智能决策、自主运行,并能够"柔性"应对突发情况。数字孪生技术支持多部门之间的信息共享和协作,提高应急响应的协调性。在突发事件发生时,各相关部门可以通过数字孪生平台实时共享信息,协调行动,共同应对突发事件。

(二)数字化国际物流发展态势

1. 资源整合步伐加快

相较于过去以同业并购为主的资源整合,现在的资源整合不再局限于简单的并购,而是从生态链的角度出发,着眼于生态链中对关键节点和关键资源的布局。这实际上是物流企业倾向于控制上下游资源的表现,一方面有助于提高自身服务水平,另一方面可以降低企业运营成本,提高效率。例如,地中海航运收购非洲物流公司Bolloré Africa Logistics以及投资意大利航运和物流运营商Messina集团等,运去哪、Flexport等物流科技公司在运力紧张时采取包船、包机业务等。

2. 数字化互联协同加强

近年来贸易保护主义进一步抬头,全球供应链遭遇严峻挑战,行业对于"船-港-货"协同能力的要求提升,零售业、制造业、国际贸易的数字化对物流数字化提出了更高效、精细、柔性的新需求,这加速了上下游企业之间的业务协同。同时,远程会议、移动办公、网上订舱等线上操作方式给物流管理和操作的线上解决方案带来新的机遇。在信息数据协同方面,除了行业协会外,船公司、港口、科技公司也在积极推动和参与相关标准制定。

3. 物贸汇一体化协同发展

物流、贸易和支付结算一体化协同发展,是贸易便利化、物流智慧化的必然条件。物流的数字化并非只关注物流业务,而是要服务和对接贸易发展的需求;数字化的物流不仅要给出全程运输方案,还要熟悉货物对应的税则和关务,并将贸易术语和支付结算整合起来,其核心逻辑就在于最终的业务是供应链服务,这就对物贸汇一体化发展提出了更高的要求。

4. 数字化驱动新的业态模式增长

随着国际物流的数字化转型进入深水区,其发展已不是简单地将线下业务放在线上受理,而是利用数字化技术对国际物流的全流程进行模式再造。如今,托运人对国际物流的需求逐渐从经济性向可靠性转变,普遍期待物流询价更靠谱、操作更简便、服务更标准。国际物流企业需要通过数字化手段,形成一站式、标准化、集成式的服务能力,从而提供更便利、更可靠、更透明的物流服务,满足托运人的需求。

任务实施

「步骤1」小组成员分工协作,各自负责调研不同的数字化技术,包括物联网、人工智能、大数据分析等。

「步骤2」小组成员共同讨论,选定其中一种数字化技术进行深入研究,详细介绍该技术在国际物流中的具体应用,包括其在货物运输、物流效率、成本管理等方面的具体案例和效果。

「步骤3」分析选定技术在国际物流中的应用效果,包括货物运输时间、物流效率提升、客户服务质量改善和成本管理等方面的具体数据。

「步骤4」比较使用选定技术前后的数据和指标变化,评估其对业务运营的影响,如是否提高了物流效率、降低了成本、提升了客户满意度等。

「步骤5」小组成员共同准备汇报材料,展示调研结果、分析数据和结论。

任务评价

教师对各组进行综合评价,参见表5-1。

表5-1 国际物流数字化技术分析评价表

序号	评价内容	分值	得分	自我评价
1	数字化技术了解透彻	20		
2	数字化技术应用介绍清晰、有条理	20		
3	数字化技术实际应用分析详实准确	20		
4	数字化技术对国际物流业务运营影响的评估合理	20		
5	团队分工明确、有效开展合作	20		
	合计	100		

任务二　数字化跨境物流运营

任务描述

小王是某跨境电商平台上的卖家，其店铺主营智能手表，该手表配有200 mAh锂电池、4种颜色，单价为$17.09，净重为0.035 kg，毛重为0.095 kg，包装尺寸为135 mm×62 mm×51 mm，卖家包邮，时效要求在35天以内，月销量在1000件左右，销售区域以欧洲和美国为主，毛利率为30%。如果你是小王，你会如何选择跨境物流平台？

任务要求

（1）任选几家（至少2家）数字化跨境物流平台，浏览各平台的业务功能，对比各家平台的业务内容，形成业务对比说明。[提示贴]注意保护个人信息安全。

（2）根据货物运输要求，在各数字化跨境物流平台上询价，获取物流报价后，形成价格对比说明。

（3）撰写一份智能手表跨境物流平台选择方案，字数不限，提供至少两种跨境物流解决方案。

（4）要求分析准确、条理清晰、理由充分、运价合适、保证时效、格式规范。

（5）以小组形式完成该项任务，注意成员间的分工合作。

一、跨境物流认知

(一) 跨境物流的概念、特征和模式

1. 跨境物流的概念

广义上认为跨境物流即国际物流，是指通过海运、空运或陆运等运输方式把货物从一个国家或地区运送到另一个国家或地区，以海关关境两侧为端点的实物和信息有效流动和存储的计划、实施和控制管理过程。狭义上认为跨境物流即跨境电商物流，是指在电子商务环境下，依靠互联网、大数据、信息化与计算机等先进技术，物品从跨境电商企业流向跨境消费者的跨越不同国家或地区的物流活动。

2. 跨境物流的特征

跨境物流覆盖了多个国家或地区，并且涉及许多的物流节点，因此它呈现出比较明显的特征。

(1) 复杂性。跨境物流是一种牵涉多个国家或地区的跨境服务，它具有长途运输、耗时较长、过程较复杂等特点。

(2) 国际性。跨境物流以目标市场国家或地区为服务对象，它会受到不同国家或地区经济、文化、政治、政策、法律等因素的影响。

(3) 整合性。跨境物流是一种将产品、物流、信息流和资金流融合在一起的主动性服务，它要求多家企业共同展开合作。

3. 跨境物流的模式

(1) 直邮模式的邮政代理。国际邮政渠道下可分为邮政小包（包括平邮小包、挂号小包）、e 邮宝和 EMS，可通过邮件互换局的特殊渠道实现快速通关，主要依托于万国邮政联盟现有网络，实现对目的国家或地区市场的全方位派送覆盖。

(2) 国际商业快递。国际商业快递是指在各个国家或地区之间开展的快件等运输服务，如 DHL、UPS、TNT、FedEx 等国际快递公司提供的服务。国际商业快递依赖于商业快递公司自建的全球网络，运输时效最快，但价格也相对较高，适用于运输价值高、对时效要求严格的商品。

(3) 国际专线。国际专线是为特定客户群体提供的物流服务，主要通过在两个国家或地区之间开通运输专门路线，对商品进行运输。国际专线将航空干线与商业清关或邮政清关、目的国家或地区尾程物流整合起来，并可根据实际需要为客户提供个性化服务。

(4) 海外仓。海外仓是一种新型跨境物流模式。企业先将商品大量出口到海外仓库，待消费者下单后，通过海外的仓库直接发货，将商品送达消费者手里。

不同跨境物流模式的对比如表 5-2 所示。

表5-2　不同跨境物流模式的对比

项目	直邮			国际商业快递	国际专线	海外仓
	邮政代理					
	邮政小包	e邮宝	EMS			
运费	最低	相对较低	较高	最高	相对较低	一般
时效	最慢	较快	较快	最快	较快	较快
运输网络	运输网络覆盖广，依靠国家邮政网络			较广，商业快递公司提供运输网络	仅限特定区域	仅限特定国家或地区，尾程派送由商业快递公司或当地物流商提供
通关情况	通关能力强，享邮件互换局特殊快速通关渠道			无特殊通关渠道	9610模式	9810模式
适用对象	价值小、无时效要求的轻小商品	有一定时效要求的商品	有一定时效要求的贵重商品	时效要求高的贵重商品	时效要求一般，重量、体积较小的商品	商家针对市场需求大量备货的商品；超大超限的商品
丢包率	一般	较低	较低	最低	较低	较低

（二）数字化跨境物流

1. 数字化跨境物流概念

数字化跨境物流是指在跨境货物运输、清关和交付过程中采用数字化技术的一种新型物流形式。数字化跨境物流采用在线平台加速和简化跨境物流服务流程，推行数字化清关、自动化分拣设备、智能合单系统等数字化、智能化应用。它涉及从订单处理到货物跟踪的所有环节，同时包括各种物流运输方式和清关程序。

2. 数字化跨境物流发展

数字化跨境物流近年来快速发展，特别是跨境电商市场的发展极大地促进了数字化跨境物流的进程。我国政府出台了一系列政策扶持和引导数字化跨境物流的发展，例如发展"互联网+"高效物流、建设跨境电商综合试验区等。

数字化技术在跨境电商和跨境物流领域的应用已成趋势，数字化技术的创新和优化可以实现物流环节的自动化和实时化，提高物流效率和服务质量，同时也能够带来更优质的服务和体验。

3. 数字化跨境物流发展面临的挑战

（1）跨境物流数字化和信息化水平不均衡。不同国家和地区的物流数字化水平存在差异，发达国家和地区在信息技术的投入和应用方面遥遥领先，具有更高的信息化水平和数字化程度，能够提供更快速、高效、准确的跨境物流服务。而发展中国家由于缺乏先进技术、设备和资金等，跨境物流数字化转型难度较大，其物流流程相对落后、效率较低，进而影响了跨境贸易的速度和效率。

（2）数据共享和信息安全存在困境。跨境物流数字化转型过程中，各环节的数据需要共享和交互，才能实现信息的高效流通和协同作业。但跨境物流涉及多个企业和部门，其数据交换以及数据格式、标准和内容等可能存在差异，从而导致数据不一致。此外，不同企业和部门之间的数据共享也面临着信息壁垒、信任缺失等问题。随着跨境物流数字化转型的深入推进，企业需要处理和储存大量敏感信息，如客户信息、订单信息、交易信息等，这些信息一旦被泄露、篡改或者遭受网络攻击，企业的运营和声誉将受到极大的影响。

（3）跨境物流面临多重现实困境。首先，国际标准不一致。随着物流业的发展，国际上出现了很多标准和规范，但是不同国家和地区对标准的理解和要求不尽相同，导致数字化过程中的信息交换、数据处理等出现困难。例如，不同国家或地区货物标识、跟踪和追溯的标准可能存在差异，导致通关难度加大。其次，跨境支付难度较大。目前，由于货款的支付方式和结算体系不同，跨境电商和物流企业在跨境交易过程中面临着支付难题。例如，国内支付机构无法在国外实现直接支付，需要中间商介入，这增加了支付环节和支付成本。最后，通关时间过长。跨境物流的通关时间过长，不仅增加了货物流转的时间成本，还影响了物流企业的服务质量和服务效率，甚至可能出现产品滞销、资金占用等问题。

（三）跨境物流与国际物流的区别

跨境物流和国际物流是两个不同但相互关联的概念。它们在产品运输和贸易领域都起着重要的作用。二者的区别主要有以下几个方面：

1. 概念差异

一般来说，"国际物流"在学术界出现得更早，对应传统的国际贸易形态；"跨境物流"多是在"跨境电商"语境下新的称谓。二者均是指跨越国境或特定行政区域的物流活动，本质上具有相似性。

跨境物流是指商品从一个国家或地区运输到另一个国家或地区的过程，涉及各种跨境流程和手续。它通常包括海关清关、特定的运输方式（如海运、航空运输）以及货运代理等环节。相比之下，国际物流更加广泛，它涵盖了全球各个国家和地区之间的货物和信息流动，包括货物的装卸、仓储、运输、目的地清关等一系列步骤，确保货物从制造商到最终用户的无缝传递。

2. 特点差异

国际物流具有市场广阔性、国际性、复杂性、高风险性及运输组合方式的多样性等特点。国际多式联运是其主要采用的运输方式，以便能够大幅提高运输工作的效率和质量，实现企业经济利益最大化。

跨境物流与跨境电商紧密相关，更多体现出零散、包裹化的特征。为节约物流成本，跨境物流承运人多采用集拼方式，尽可能使同一集装箱内货物的目的地相近或线路相同。

3. 运输范围差异

跨境物流的运输范围相对狭窄。它主要关注的是货物从一个国家或地区到另一个国家或地区的运输过程，因此跨境物流在运输方式、海关清关等方面可能更为简单直接。

相比之下，国际物流的运输范围更为广泛，它可能涉及多个国家和地区之间的物流活动。这意味着国际物流需要处理更多的运输方式、海关清关、税费缴纳等方面问题。

二、跨境电商与跨境物流

（一）跨境电商的发展

跨境电商是指分属于不同关境的交易主体，通过电子商务平台达成交易，将传统进出口贸易中的展示、洽谈和成交环节电子化，并通过跨境物流或异地仓储送达商品，从而完成交易的一种国际商业活动。

我国跨境电商从无到有、从弱到强，经历了萌芽期、成长期、发展期、成熟期四个阶段（见表5-3）。

表5-3 中国跨境电商发展历程

时期	萌芽期	成长期	发展期	成熟期
年份	1999—2003年	2004—2012年	2013—2017年	2018年至今
特征	第三方交易平台依附于传统外贸，采取线上展示、线下完成交易的贸易资讯服务方式	通过网上基础设施的建设，跨境电商将线下的交易、支付、物流等环节电子化。跨境电商以B2B平台为主	全方位的业务提升，跨境电商渠道和品类快速扩张，交易规模持续快速增长。B2C平台所占比重不断增加	大规模的跨境电商进行供应链的集成，各供应链的连接有相互融合趋势。新零售、直播营销等创新模式在不断渗透
代表平台	阿里巴巴	敦煌网 全球速卖通	天猫国际	考拉海购

（二）跨境电商与跨境物流的关系

跨境电商与跨境物流主要表现出相互促进的正向作用，并且跨境电商对跨境物流的长期依赖性比跨境物流对跨境电商的依赖性更强，但是二者之间也存在着一定的相互抑制关系。

【实践前沿5-2】
我国跨境电商进出口贸易规模持续增长

（1）跨境电商带动着跨境物流的发展，跨境物流依托于跨境电商的发展。跨境物流依托于跨境电商的具体形态，并深刻受到跨境电商个性化、多维化特征的影响。跨境电商的广泛性要求，映射出跨境物流的范畴更加复杂，跨境电商小规模、高频率的商业特点要求跨境物流以考虑成本为前提。

（2）跨境物流的发展赶不上跨境电商的发展，二者间存在协调缺失。跨境物流系统与交易实现和客户体验紧密地联系在一起，在推动跨境电商发展方面起决定性作用。而当前跨境物流的发展明显落后于跨境电商的发展。

（3）跨境物流发展的滞后性影响跨境电商的发展。跨境电商扮演着"领头羊"的身份，追求高质量服务，需要为消费者提供更加优质的跨境物流服务，而当前跨境物流发展的滞后性严重影响跨境电商的发展。

三、数字化跨境物流业务

（一）跨境物流业务流程

跨境物流业务流程是一个货物揽收、干线运输、出口报关、进口清关、仓储配送的流程，具体如图5-2所示。

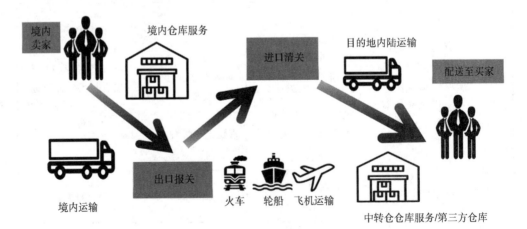

图5-2 跨境物流业务流程

（1）卖家送货/上门取货。卖家将包裹交给物流商或物流商上门取货。

（2）转运仓转运。转运仓将商家头程面单换成尾程面单，并将货物清单发给头程,用于货物核对及清关。头程面单由商家寄至转运仓,尾程面单由转运仓寄至海外消费者。

(3)头程收货。头程收到货物,根据清单进行核对,将货物按照不同国家和地区流向分类,运输到海关报关,并提前预订航班(空运)、船期(海运)、火车(陆运)。

(4)出口报关。头程提交报关资料,海关查验放行。

(5)国际运输。根据货物时效要求,选择空运、海运、陆运的方式抵达境外。

(6)进口清关。货物抵达目的港后,地勤理货,并安排目的港海关对货物进行查验清关,并对应缴税货物征税。

(7)仓储和分拨。目的地物流商提货,将清关放行后的货物运至仓库,打板后运至尾程服务商仓库/海外仓。若商家选择海外仓运营,则在货物清关放行后海外代理商会将货物运输至海外仓暂囤,等买家下单后安排尾程派送。

(8)尾程派送。目的地安排服务商派送至买家。

(9)买家签收和售后服务。买家收货和退换货服务。

(二)数字化跨境物流业务的运营内容

1. 数字化客户营销

跨境物流企业运用大数据分析技术预测客户需求,凭借大数据联网评估操作,对从客户选择商品到商品运输的各个层面,都能做到精准跟踪。

在具体运作中通过大数据技术,跨境物流企业在主营类目、销售额、商品类型、海关类型等维度都可自主筛选,并且可基于业务需求灵活组合筛选。同时,大数据技术有助于全面展示店铺的基本信息、商品信息及关联企业的进出口信息,助力企业匹配店铺,帮助企业快速建联,提高营销获客效率,为企业提供更多商机和资源。

2. 数字化跨境支付

跨境物流飞速发展,其涉及的数据逐渐增多,跨境物流企业运用云计算的分析系统,能够充分满足跨境物流的多元化需求。

传统的支付系统运行缓慢且费用昂贵,常常需要中介机构来促成交易。基于云计算的支付系统可以实时或接近实时地处理交易,提供无缝的结算体验,跨境物流企业不用给中介机构支付处理资金,避免了中间商收取的高额手续费,从而降低了交易成本。凭借云计算,跨境物流企业还能对海量数据实现高水准的智能化分析,选择更适宜的运输模式,并制定严谨的配送方案,强化运输流程的全过程管理。

3. 数字化物流仓储

通过人工智能、物联网和移动互联网等数字化技术与跨境物流业务流程的全面深入融合,形成物流运输仓储全流程的信息化、自动化和无人化。

使用自动化存储与检索系统,存取货物变得轻松高效。使用智能分拣系统,商品分类更加高效精准。使用自动化搬运机器人,货物搬运更加智能安全。使用仓储管理系统,可以实时监控、优化库存。数字化物流仓储能降低交易成本和信息传递成本，保证运输服务的安全性、时效性和经济性，实现跨境物流"一单到底"，做到全程透明可视化。

4. 数字化客户服务

跨境物流业务的运营可以运用区块链技术，区块链的加密算法可以验证评论者的身份，通过验证的评论将被添加到区块链分类账本中，生成一个不可篡改或删除的评论记录，帮助企业屏蔽虚假评论，与客户建立更好的关系；还可以安全地记录和存储客户数据，企业通过收集、分析客户的偏好、习惯等信息，可以更精准、个性化地推销产品和服务。此外，客户比较关注购买产品的可靠性信息，如制造商和原产地等，这些产品信息可以安全地存储在区块链上，从而提高产品信息的透明度。

数字化跨境物流业务的运营内容如图5-3所示。

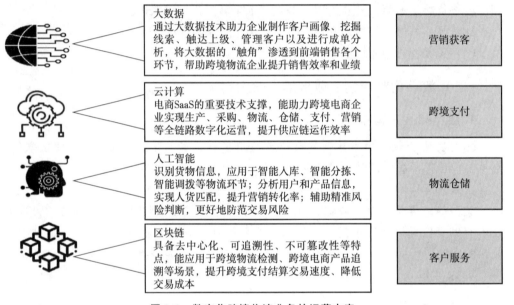

图5-3 数字化跨境物流业务的运营内容

（三）数字化跨境物流业务的发展

1. 大数据技术加强风险预警及风险防控机制

使用大数据技术，企业能更好地预测需求，优化库存管理，降低运输成本。依靠大数据技术优化物流体系，促进其向智慧型物流转型升级，提高销售增长及风险防控能力，降低突发事件的风险及其影响。利用大数据评估市场的可开发性，调研跨境国家和地区的法律制度及政治经济环境，做好风险预防，预设应对措施。

2. 云计算技术提升跨境物流运营效率

云计算技术帮助跨境物流运营实现信息共享和实时更新。企业将订单信息、航班信息、货物追踪数据等实时上传到云端，各个环节的信息互联互通，提高订单的处理速度和准确性。

云计算技术帮助跨境物流运营实现智能化和自动化。通过云端的大数据分析对订单流程进行优化，提高包裹处理速度和准确性；根据实时数据对运输线路进行智能规划和优化，实现对车辆的实时监控和调度，提高车辆利用率和运输效率。

3. 人工智能技术深度融合跨境物流业务

通过智能识别、自动化设备实现货物的快速分拣、上架、出库等操作，实现跨境物流仓储的自动化和智能化管理，提高仓储效率和准确性。

通过智能语音技术，提供24小时在线客服服务，快速响应客户，通过数据分析为客户提供个性化的售后服务，提高客户满意度和忠诚度。

4. 区块链技术全程保障客户服务

区块链技术帮助跨境物流实现全程可视，物流信息实时共享，企业能够追踪和记录货物的整个交付过程，提高物流信息的透明度和可信度。区块链技术的去中心化特点可以减少跨境物流中的中间环节和第三方机构，降低物流成本和风险。

任务实施

「步骤1」自由组合，2~3人一组，注意成员间的分工合作。

「步骤2」浏览邮政代理、国际商业快递、国际专线、海外仓等跨境物流平台，选择其中几家口碑比较好的企业。

「步骤3」利用小程序或App，浏览跨境物流平台界面，了解平台业务功能。

「步骤4」按小王业务需求中的货物类型、时效及价格要求，各小组自行提供至少2种跨境电商物流解决方案。

任务评价

教师对各组进行综合评价，参见表5-4。

表5-4 跨境电商物流任务分析评价表

序号	评价内容	分值	得分	自我评价
1	跨境电商物流功能表述完整、逻辑清晰	20		
2	跨境电商物流价格对比清晰	20		
3	报价表清晰、准确	30		
4	解决方案清晰完整、保证时效、价格合理	20		
5	团队分工明确、有效合作	10		
	合计	100		

任务三 数字化货运代理运营

任务描述

小王是一家进出口贸易公司物流部的实习生。该部门主要负责海外货物运输和仓储管理。小王入职一个月并熟悉了公司业务基本流程后,物流部李经理给小王安排了一个报价任务,要求小王在30分钟内提交40HQ整箱上海港到汉堡港的物流费用报价。李经理表示时间紧急,建议小王使用运去哪、运易通、海管家等数字化货代平台获取实时报价,要求报价以正式报价单呈现。

任务要求

(1)任选几家(至少两家)数字化货代平台,浏览各平台业务功能,对比各家平台的业务内容,形成业务对比说明。[提示贴]注意保护个人信息安全。

(2)根据货物运输要求,使用数字化货代平台进行询价,获取物流报价后,形成价格对比说明。

(3)选定一家数字化货代平台的报价,形成标准的报价单。

(4)梳理数字化国际货代平台使用流程,以流程图形式记录下来。

(5)以小组形式完成该项任务,注意成员间的分工合作。

一、数字化货运代理认知

(一)国际货运代理的概念和角色

1. 国际货运代理的概念

根据国际货运代理协会联合会(FIATA)的定义,国际货运代理是指根据客户的指示,并为客户的利益而揽取货物运输的人,其本身不是承运人。国际货运代理从事所有和货物的运输相关的服务,包括货物的拼箱、储存、处理、包装和配送等服务,以及和上述服务相关的辅助性及咨询服务,其中包括但不局限于海关和财政事务、货物的官方申报、安排货物的保险、代收或支付货物相关的款项和单证等服务。

《中华人民共和国国际货物运输代理业管理规定》(1995年6月29日发布)第二条规定:"国际货物运输代理业,是指接受进出口货物收货人、发货人的委托,以委托人的名义或者以自己的名义,为委托人办理国际货物运输及相关业务并收取服务报酬的行业。"

由此可知,国际货运代理的定义基本分两类:一类是严格定义的形式,即国际货运代理仅以代理人身份出现,如美国将国际货运代理严格限制在代理人的位置上;另一类是广泛定义的形式,如在中国,国际货运代理不仅以代理人身份出现,同时也以运输合同当事人身份出现。

2. 国际货运代理的角色

国际物流系统是一个复杂的系统,它由货物的包装、储存、运输、检验,流通加工及其前后的整理、再包装以及国际配送等子系统构成。国际贸易合同签订后的履行过程,就是国际物流系统的实施过程。国际物流离不开大量的中间人、业务机构或代理人,如进出口经纪人、国际货运代理、船务代理、装卸公司、理货公司、报关行等,常规的国际海运物流系统的运作流程如图5-4所示。

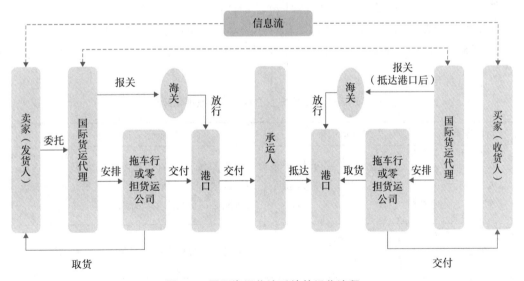

图5-4 国际海运物流系统的运作流程

在这个复杂的系统中,国际货运代理熟悉国际贸易环节,精通各种运输业务,熟悉相关的法律法规,与各类承运人、仓库经营人、保险人、港口、机场、车站、堆场、银行等机构,以及海关、进出口管制等有关政府部门存在密切的业务关系。国际货运代理串联起买家(收货人)、卖家(发货人),以及中间环节涉及的承运人和港口、机场、车站、仓库经营人、拖车行、报关行等,是国际物流环节中重要的桥梁和纽带。

（二）货运代理数字化的基本路径和应用场景

1. 货运代理数字化的基本路径

（1）传统货运代理公司进行数字化转型升级。传统货运代理公司依托数字技术，通过开发和完善货代系统，实现货代业务流程数字化、管理决策数字化、供应链管理数字化以及商务电子化，以对物流过程中的各环节进行有效控制、协调及管理，提升服务效率，如中国外运开发的货代平台运易通、马士基集团旗下的数字化物流平台Twill。

（2）科技型货运代理公司开发数字化货代平台。新兴的科技企业运用先进的数字化技术，以数字化货代平台为核心，开创数字货代新商业模式，通过云平台连接贸易各方（进口商、出口商、货主、承运人、海关、机场、码头等），提供标准化的货运代理服务，实现全链路的数字化整合，如Flexport、Forto、运去哪等数字化货代平台。

2. 货运代理数字化的应用场景

当前货运代理数字化实践主要有两大应用场景：一是以客户需求为核心的货运代理数字化应用场景，贯穿从方案制定、报价、接单、跟进、沟通到最终结算的关键节点（见表5-5）；二是以国际物流履约为核心的货运代理数字化应用场景，聚焦订舱、补料、拖车、报关等核心业务（见表5-6）。

【实践前沿5-3】

走进前沿：RPA推进货代数字化

表5-5 以客户需求为核心的货运代理数字化应用场景

对接环节	传统货运代理	数字化货运代理
方案制定	通过线上线下平台查询价格，结合经验和历史方案进行调整	根据系统记录的客户习惯（货品、出货周期、运输方式、航线等）、当前航运动态、天气情况等自动生成多套方案
报价	人工报价，快则几小时，多则几天	系统基于价格表即时报价
接单	通过委托书或者一段文字描述接受订单	（1）客户在货代系统下单，并提供基本信息。 （2）与客户系统对接，客户在客户系统下单，订单自动推送到货代系统
跟进	通过电话、E-mail、IM等方式确认各时间节点	（1）客户在线查看时间节点、运输状态。 （2）关键节点实时推送到客户手机/邮箱

续表

对接环节	传统货运代理	数字化货运代理
沟通	通过电话、E-mail、IM等方式沟通	在线沟通，可以基于订单进行多方沟通
结算	账单核对后发给客户确认	客户在线查看费用，确认账单，支持在线支付

表5-6 以国际物流履约为核心的货运代理数字化应用场景

操作环节	传统货运代理	数字化货运代理
订舱	通过邮件或航司网站人工订舱	与船公司系统直接连接或通过RPA机器人提交订舱数据
补料	通过邮件或航司网站人工补料	与船公司系统直接连接或通过RPA机器人提交补料数据
拖车	通过邮件、IM回传箱号、封条号、磅单等信息并由人工整理录入。对于拖车产生的附加费因缺少跟踪而无从核实	与港口、拖车公司的系统对接，实现提空即回传箱号、封条号，司机上传即回传磅单信息，对拖车实时跟踪，及时识别异常情况
报关	人工进行商品归类并在海关单一窗口录入申报，申报项目越多越耗时	（1）与海关"单一窗口"连接，自动转入客户商品归类，在货代系统提交申报。 （2）如果没有接入海关"单一窗口"，可通过RPA机器人提交申报数据

二、货运代理核心业务数字化

（一）订舱业务数字化

订舱是货运代理行业的传统业务，是货运代理公司接受托运人委托，与承运人或其代理人签订运输合同，预订或确认所需的货舱空间，以确保货物得以顺利运输。

过去货运代理公司主要采用传真、电话或者E-mail等订舱方式，效率低下，且存在报价混乱、舱位紧张时易出现甩柜等现象。随着互联网和数字时代到来，订舱业务逐步实现数字化。以海运订舱业务为例，一方面主流船公司实现了订舱业务信息化，如马士基、中国外运、长荣海运等船公司陆续开放了自己的订舱平台，提供在线查询船期、航次，在线询价、在线订舱、电子发票、货物追踪等服务；另一方面，市场上出现了第三方数字订舱平台，可根据客户需求推荐合适的船司、航线，提供在线锁舱和"保舱保柜"服务，强力保障运输服务。在实际操作中，货运代理公司在订舱时可直接登录船公司或第三方数字订舱平台进行操作，或使用货代系统通过EDI直通终端平台实现订舱。海运订舱的各环节如图5-5所示。

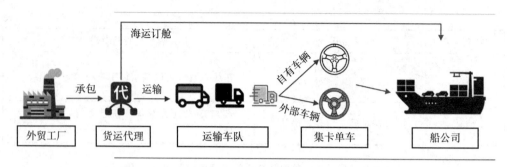

图 5-5　海运订舱的各环节

（二）拖车业务数字化

拖车业务在货运代理行业也叫集装箱卡车业务，特指海运整柜本地操作中的内陆集装箱运输。以海运出口为例，其拖车业务指的是从堆场提柜到仓库或者工厂装柜，之后还柜的实务过程，流程详见图 5-6。

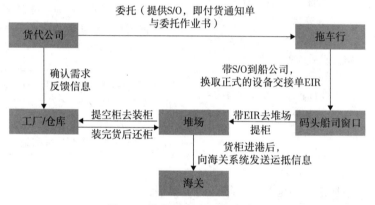

图 5-6　海运整柜出口拖车流程

随着互联网、物联网、电子数据交换技术的发展，拖车业务逐步实现数字化，市场上出现了一些拖车数字平台，如鸭嘴兽。拖车数字平台一般具有以下特征：一是拖车业务全流程在线管理，平台实现在线询盘、在线下单、在线预约、在线调度、在线核对、在线结算、在线管理，实现了100%在线作业以及集中管理；二是拖车全环节数据互通，针对码头、港区等信息系统完善的环节，通过电子数据交换技术，实现数据互联互通，实现了实时查询进港数据、跟进运输状态、查看所有账目信息；三是拖车全服务标准化，通过对拖车业务定价、流程、服务等方面的标准化，实现集卡运输服务的过程可视化、资源可视化、质量可追溯、责任可追溯。

（三）报关业务数字化

根据我国海关法的规定，凡是进出我国关境的货物，必须经由设有海关的港口、车站、国际航空站，并由货物所有人向海关申报，经过海关放行后，货物才可提取或者装运出口。报关是国际物流中一个不可或缺的环节，也是货运代理日常处理的业务之一。

报关数字化是当前国际贸易和物流行业的重要发展趋势。随着信息技术的快速发展，特别是5G、人工智能、互联网等技术的应用，报关业务正在经历从传统操作向数字化、智能化转型的过程。这一转型提高了报关的效率和准确性，降低了人工成本，为货运代理公司带来了新的利润增长点。在报关数字化方面，从海关端口来看，自2014年起我国海关大力推进国际贸易"单一窗口"建设（中国国际贸易单一窗口：https://www.singlewindow.cn/），致力于打造便利化、智能化、国际化的国际贸易公共信息服务平台。在报关流程上，依托"单一窗口"可在线进行报关代理委托、进出口货物申报等操作，实现"无纸化"报关。从货代端口来看，为了进一步提高报关效率，降低报关信息出错率，越来越多的货运代理公司运用货代系统、关务系统，直接对接海关"单一窗口"在系统端进行申报，或采用RPA机器人等数字化工具提报报关数据。

三、数字化货运代理平台

数字化货运代理商（DFF）通过数字化平台为用户提供丰富的物流服务。DFF的核心价值主张是为用户提供无缝体验。它们不仅能运输货物，还能通过单一的用户界面，把所有信息集成到单一平台之上。此外，DFF还能为用户提供即时报价、简单的标准化文档管理、精简高效的沟通流程，以及能在线轻松追踪货件的实时数据，取代了传统的人工操作以及烦琐的纸质文件。

当前的货运代理市场中有两种数字化货运代理平台：第一种是与外部伙伴携手运营的数字化货运代理平台；第二种是拥有内部运营能力的数字化货运代理平台。

（一）与外部伙伴携手运营的数字化货运代理平台

此类平台通常会与拥有运营知识和实体资产的本地代理商及货代服务商签订合同。这类DFF并不具备内部运营能力，无需为运营的复杂性及其伴随的成本操心，但也因此丧失了对特殊情况处理以及服务稳定性的直接控制力。这类平台代表有Flexport（国外）、运去哪（国内）等。

1. Flexport

（1）平台概况。Flexport于2013年创立于美国硅谷，专注于国际物流行业。由Flexport推出的专门服务于货运的云软件和数据分析平台可为贸易方提供包括海运、空运、铁路货运、拖运和搬运、仓储、海关经纪、融资和保险在内的全方位服务。不同于传统货运业务操作和信息传递模式，在Flexport平台上，当一个关键指令下达，相关节点的角色可同时得到信息反馈，改变了信息传递的单向性，一定程度上解决了传统物流流程中信息流转成本高、效率低、差错率高的问题，提高了物流供应链的协同效率。

（2）平台模式。Flexport的整个服务体系以标准化物流服务、数字化和线上化相结合、AI+专家三个模块为支撑，实现门到门运输过程中整个供应链的可视化，并利用货运过程中沉淀的数据进行分析，帮助客户做出相应的决策。这种模式改变了原本单向传递的信息链条，链接了供应链中的所有相关方，将订舱、报关、发票、通信、货品追踪、文件归档以及数据分析结合在同一系统中，为客户提供物流、贸易、仓储、金融等全方位货代服务（见图5-7）。

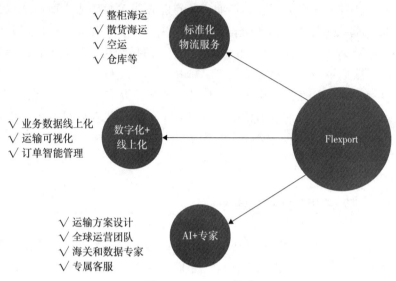

图5-7　Flexport模式

2. 运去哪

（1）平台概况。运去哪于2015年2月上线，通过在线整合全球海运、空运、铁运、多式联运、拖车、报关、保险、海外仓、目的港等国际物流全链路优质资源，形成多品类多价位的标准商品。通过在线查询、在线下单，以及在线履约，实现需求快速匹配、高效履约，解决传统国际物流销售渠道庞杂、报价不公开透明、信息不对称、交易信用差、服务缺乏标准性的行业痛点。截至2023年，运去哪平台聚集了包括中远海运集装、马士基在内的300多家头部船司及航司，以及3500多家优质供应商，与其在全球设立的25个分支机构，共同构建"全球—全球"的运输网络。平台通过在线化、数字化服务模式创新，切实提高国际物流在线服务的标准化、可靠性，有效提升国际物流履约效率，帮助外贸企业、货运代理公司降低综合物流成本。

（2）平台模式。运去哪的核心定位为"全球数字化物流服务专家"。运去哪所有业务开展均基于平台数字化建设运营，平台将航线交易、履约服务与数字化方式深度整合，形成了独特的国际物流在线服务模式。从在线查价、在线订舱、个性化工作台、数字化履约，到物流追踪，全面实现国际物流在线服务全链路闭环管理。

（二）拥有内部运营能力的数字化货运代理平台

与运营密集度较低的同行相比，拥有内部运营能力的数字化货运代理平台往往能够提供更加全面的服务。它们的地理覆盖范围更广，提供更多样化的运输方式以及本地化客户服务。它们可以利用现有的业务网络与客户关系，更迅速地启动和扩展各类业务活动。然而，与依靠外部合作伙伴开展业务的DFF一样，拥有内部运营能力的数字化货运代理平台也面临着推广自动化运营的挑战，这是一项艰巨而烦琐的任务，需要对现有流程进行大幅改变。这类DFF通常由实施数字化战略的传统企业创立，如中国外运旗下的运易通。

运易通平台是中国外运聚焦B2B物流服务领域打造的集商流、物流、信息流和资金流为一体的公共物流电商平台。运易通向平台客户提供物流电商服务（包括国际海运、国内海运、陆运、关务、铁运、拼箱、空运、跨境电商的在线交易和服务）、供应链增值服务、物流大数据和物流数据交换基础设施建设等服务。

运易通平台致力于打造国内场景最全的物流在线交易及服务体系，截至2023年已携手超过2万家物流公司在线服务超过3万家生产制造企业，是目前中国较具规模的物流电商平台之一。该平台以履约质量为核心，重点打造了两大产品体系：公共物流服务产品和全链路产品。公共物流服务产品包括基础服务和增值服务两部分，基础服务包括在线订舱、网络货运、关务云、速运达、云翼、跨境电商、国际多式联运、大宗商品等；增值服务则包括在线保险、在线金融、全程可视化等。全链路产品将5G、物联网、大数据等技术与物流产业链服务场景结合起来，实现集起运地上门提货、集港、出口报关、国际运输、目的港清关、目的港派送为一体的全程门到门服务。

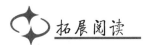

中国工匠闪耀世界舞台　做最帮客户省钱省时的货运代理

在世界技能大赛中，货运代理项目是一个全英语考核项目，不仅要求参赛选手具备全面的专业知识，还要熟练用英文进行沟通交流和答题。2022年第46届世界技能大赛上，来自上海第二工业大学（以下简称"二工大"）的朱珂以高出第二名30多分的绝对优势一举夺得货运代理项目的金牌。作为一名非英语母语的选手，朱珂是如何突破思维方式、理解力和表达的巨大挑战获得世赛冠军的？

从曾经的一名中高职贯通的学生，通过专升本进入二工大，朱珂已经在物流管理专业深耕8年，这是一个很少有女孩会选择就读的专业，但朱珂却看到了物联网的发展趋势以及上海在打造国际航运中心过程中物流行业的广阔前景，从而制定了自己的职业规划。为了迎战第46届世界技能大赛，朱珂接连"辗转"8家企业，在20多个岗位上反复进行全英文实战演练，最终在比赛中出色地应对各种突发状况，给客户提供了最优解决方案。

夺得第46届世界技能大赛货运代理项目金牌，朱珂不仅创造了该项目最好的历史成绩，同时也创造了全英文项目中国队目前取得的最好成绩。这也激励着更多学弟学妹对技能领域产生兴趣，投身到技能成才、技能报国之路。

（资料来源：教视新闻，2023-07-10）

任务实施

「步骤1」自由组合,2~3人一组,注意成员间的分工合作。
「步骤2」上网搜索数字化国际货代平台,浏览页面,了解各平台的核心功能。
「步骤3」根据货运需求,通过各平台的在线报价功能,进行报价、比价。
「步骤4」经过对比,以最终确定的平台报价为蓝本,制作标准报价单。
「步骤5」将操作关键步骤记录下来,形成流程图。

任务评价

教师对各组进行综合评价,参见表5-7。

表5-7 数字化货运代理分析评价表

序号	评价内容	分值	得分	自我评价
1	各平台业务、功能表述完整、逻辑清晰	20		
2	各平台价格对比清晰	20		
3	报价表清晰、准确	30		
4	操作流程图绘制清晰完整	20		
5	团队分工明确、有效开展合作	10		
	合计	100		

同步实训
国际物流企业数字化转型分析

实训背景

当前,整个国际物流产业外部环境、市场需求、业务模式等正在发生重大变化,服务单一、运输成本高、信息交换效率低、运输过程不透明、供应链上各角色的协同效率低等问题凸显,这使得国际物流行业面临巨大不确定性。电子商务、物联网、云计算、大数据、区块链、5G、人工智能等数字化技术是应对这种不确定性的有效利器,为突破这些瓶颈提供了可能性,国际数字化物流企业不断涌现。在运输服务领域,境内外较多数字化物流企业选择以单一运输方式为切入点,而门槛相对较高的综合物流服务较少。目前,国际数字化物流企业的主要业务由交易撮合向提供物流集成方案、履约保障等方向发展。随着国际物流与数字化的融合不断深入,国际物流的数字化发展将呈现数字服务普及化、数字发展生态化、服务内容集成化、线上线下融合化等趋势。运去哪创始人兼首席执行官周诗豪说,"接下来,我们也将把技术和功能向行业开放,赋能产业链上下游企业,推动国际物流产业向智能化方向加速升级。"

实训目的

引导学生了解国际物流数字化转型的迫切性和重要性,调研国际物流企业数字化转型的痛点和需求,提升学生数字化管理意识和能力。

实训组织

(1)以2~3人为一组,自主选取一家或多家企业。
(2)广泛调研所选择的企业开展国际物流运营的现状,分析其在数字化转型方面面临的痛点和难点。
(3)对调研信息进行汇总和梳理,分析原因,给出优化建议。
(4)展示成果,交流评价。

实训评价

教师对各组进行综合评价,参见表5-8。

表5-8 国际物流企业数字化转型分析评价表

序号	评价内容	分值	得分	自我评价
1	企业选取具有典型性	20		
2	调研数据详实,调研方法手段合理	20		
3	问题和原因分析全面深入、条理清晰	20		
4	优化措施和建议具体可操作、具有启发性	30		
5	体现数字化管理意识,具备国际化视野	10		
	合计	100		

【自测评估】

项目六 数字化物流运营平台构建与应用

任务一　制造业数字化物流运营平台构建与应用
任务二　商贸业数字化物流运营平台构建与应用
任务三　物流业数字化物流运营平台构建与应用
同步实训　物流数字化运营平台项目实施分析

学习目标

◆ **素养目标**

(1) 践行社会主义核心价值观,树立正确的人生观、价值观和择业观。
(2) 树立爱岗敬业的服务意识,强化问题解决意识与能力。
(3) 树立数字意识和数字思维,提升数字化运用与服务能力。

◆ **知识目标**

(1) 了解三种行业的数字化物流运营平台的概念与特点。
(2) 熟悉三种行业的数字化物流运营平台的构建逻辑。
(3) 熟悉三种行业的数字化物流运营平台的具体应用与发展趋势。

◆ **技能目标**

(1) 能利用数字化思维优化企业的物流服务模式。
(2) 能够利用数字化资源,集成物流数字化运营方案。
(3) 能借助数字化物流平台提升服务对象的生产效率。

思维导图

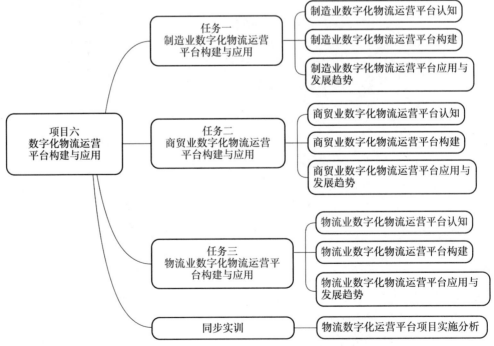

学习导入

国家网信办："十四五"时期要大力推进产业数字化转型

2021年7月2日，国家网信办发布《数字中国发展报告（2020年）》（以下简称《报告》）。《报告》提出，"十四五"时期要围绕加快发展现代产业体系，推动互联网、大数据、人工智能等同各产业深度融合，实施"上云用数赋智"，大力推进产业数字化转型，发展现代供应链，提高全要素生产率，提高经济质量效益和核心竞争力。

《报告》指出，"十三五"时期，数字经济持续快速增长，成为推动经济高质量发展的重要力量。我国数字经济总量跃居世界第二，成为引领全球数字经济创新的重要策源地。2020年，我国数字经济核心产业增加值占GDP比重达到7.8%。产业数字化进程提速升级，制造业重点领域企业关键工序数控化率、数字化研发设计工具普及率分别由2016年的45.7%和61.8%增长至2020年的52.1%和73%。我国电子商务交易额由2015年的21.8万亿元增长到2020年的37.2万亿元。

在数字经济发展动能方面，产业数字化转型步伐加快。国家发展改革委联合相关部门、地方、企业近150家单位启动数字化转型伙伴行动，推出500余项帮扶举措，有力支持中小微企业数字化转型纾困。工业互联网发展进入快车道，企业利用大数据、工业互联网等加强供需精准对接、高效生产和统筹调配。2020年，全国网上零售额达到11.76万亿元，连续8年位居世界第一，其中实物商品网上零售额9.76万亿元，占社会消费品零售总额比重接近四分之一。

在产业数字化转型上，浙江、广东、山东、江苏、河南、上海、湖北、北京、福建、河北10个省（市）位列各省（区、市）产业数字化水平前10位。上述地区积极推动信息技术在农业、制造业、服务业的深度应用，资源配置高效有序，全要素生产率明显提升，新模式新业态不断涌现，实体经济数字化转型水平稳步提升。

（资料来源：人民网）

思考：数字化物流运营平台可以服务于哪些行业，具体如何帮助企业实现整体运行效率提升和产业链上下游协同？

任务一 制造业数字化物流运营平台构建与应用

任务描述

王经理所在公司属于新能源汽车零部件制造企业,为了提高生产效率,提升客户满意度,公司急需进行物流运营平台的数字化转型。作为数字化转型的项目负责人,王经理需要学习借鉴其他领先企业在物流运营平台数字化转型方面的经验,为后续搭建自身平台做好基础准备工作。假如你是王经理,该如何着手进行相关的调研学习工作?

任务要求

(1)任选几家(至少3家)制造企业,浏览各企业数字化物流运营平台的搭建模式,了解各企业数字化物流运营平台的服务功能模块。

(2)详细研究其中一家企业的数字化物流运营平台,内容包含但不限于企业的运营流程、过程管理中使用的软件、所用软件的主要功能、软件之间的互通关系、平台使用的新技术等。

(3)选择自己熟悉的工具,如 Word、PPT 或 Visio 等,绘制该企业的数字化物流运营平台架构图,并简要说明各模块的主要功能。

(4)以小组形式完成该任务,注意成员间的分工合作。

智能制造是制造强国建设的主体,其发展程度直接关乎我国制造业质量水平。发展智能制造对于巩固实体经济根基、建成现代产业体系、实现新型工业化具有重要作用。制造业质量的提升,离不开物流这个贯穿始终的服务要素。搭建符合制造行业需求特点的数字化物流运营平台,通过构建全价值链的数字化管理平台,加强产业链协同,快速响应客户需求,助力智能制造核心竞争力的提升。

一、制造业数字化物流运营平台认知

（一）制造业数字化物流运营平台概念

制造业数字化物流运营平台是以工业互联网、大数据、云计算、5G、人工智能、机器人等软硬件新技术为基础，为智能制造过程中原材料、在制品和成品（采购物流、生产物流和成品物流）的包装、运输、装卸搬运、存储、流通加工、配送、信息处理等提供智能服务和智能决策的管理平台。它不但将企业、用户、货物、设施紧密联系在一起，而且将流程、数据和订单结合起来，形成多维度、立体化、多元化的管理模式。

（二）制造业数字化物流运营平台特点

1. 以服务制造为中心

制造业物流是指制造企业的原材料采购、物品生产、成品储存、产品运输、产品销售、售后服务等一系列生产销售活动所产生的物品流动、信息流通、资金移动的过程，是确保原材料转化为成品的必要支持过程。因此，制造业数字化物流运营平台的功能设计侧重满足支持制造业务的需求，如供应商管理、原材料采购与仓储管理、生产排产管理、产线配送管理、成品存储与运输交付管理、客户售后服务支持等。

2. 注重数据采集与管理

制造业数字化物流运营平台需要有效整合制造资源，促进制造业供应链各个环节间的协调运行，减少"长鞭效应"，提高物流系统的响应能力，改善物流系统的时空效应，降低物流成本。平台应具备强大的数据采集与管理能力，需要实现物料流动过程中实时数据的采集与管理，基于实时数据实现供需双方精准的匹配，更需要依据生产作业要求实现物流与作业工位的智能化联动。

3. 具备开放与可拓展性

制造业数字化物流运营平台必须具备开放性与可拓展性，可以与其他平台、系统和软件进行对接，实现数据共享和协同。平台以MES为核心载体，与APS、ERP等进行信息系统集成和数据交互，实现从生产计划下达、物料配送、生产执行、生产报工以及过程质量追溯的闭环流程管理，同时对生产过程中的关键工艺参数与能源进行实时监控。通过推动业务与系统深度融合、自动化装备应用等，实现生产过程的自动化、透明化、绿色化管理，提升产品质量以及生产进度和成本的控制能力。此外，还需根据业务需求对平台功能进行拓展和升级。

4. 强调平台的创新性

制造业数字化物流运营平台需具备高度创新性，能够根据制造企业的不同发展阶段进行系统创新与调整，如将平台战略框架和制造业物流供应链发展导向相结合，考虑业务和应用场景、技术条件、过程瓶颈、约束条件等因素，在规划中创新，在创新中应用。

二、制造业数字化物流运营平台构建

制造业数字化物流运营平台一般由以下三层组成：

（一）平台感知层

制造业数字化物流运营平台感知层是实现制造过程中对货物、运行环境、物流设施设备感知的基础，是制造业数字化物流运营平台的起点。具体而言，平台感知层包括物流识别追溯、物流定位跟踪和物流监控控制三个功能。

物流识别追溯主要解决原材料、半成品与成品信息的数字化管理问题。制造业数字化物流运营平台环境下，借助条码自动识别技术、RFID感知技术、GPS移动感知技术、传感器感知技术、红外感知技术、语音感知技术、区块链技术等可以快速对货物进行识别和追溯。

物流定位跟踪主要解决原材料、半成品与成品转运过程的透明化问题。现代物流对货物的位置感知需求越来越迫切，只有知道了货物的确切位置才能进行更加有效的物流调度。目前，定位感知技术根据定位需求和应用场景，划分为室外定位技术和室内定位技术。室外定位技术的典型代表有北斗定位、GPS定位；室内定位技术的代表包括Wi-Fi室内定位、UWB室内定位、RFID定位等。

物流监控控制主要为制造业物流过程中的安全提供有效的支撑手段，是物流监控信息化的重要组成部分，通过获取物流过程的实时视频、实时数据交换，及时、有效地采集信息，并通过与物流视频监控、报警设备有机结合，实时掌握物流环节的运行状况，分析物流过程状况，及时发现问题、解决问题，从而实现对物流过程的无缝监管。

（二）平台网络层

网络层是制造业数字化物流运营平台的神经网络，连接着感知层和应用层，其功能为"传送"，即通过通信网络进行信息传输。网络层由各种私有网络、互联网、有线和无线通信网等组成，负责将感知层获取的信息安全可靠地传输到应用层，然后根据不同的应用需求进行信息处理。

制造业数字化物流运营平台网络层包含接入网和传输网，分别实现接入功能和传输功能。接入网一般包括光纤接入、无线接入、以太网接入、卫星接入等各类接入方式，主要实现平台底层的传感器网络、RFID网络的接入。传输网一般由公共网与专用网组成，典型传输网络包括电信网、互联网、制造数字集群专用网等。制造业物流中既有大范围的物流运输与调度,也有以仓储系统与拣选系统为主的数字化物流中心的物流系统作业与运筹。面对复杂流动的"物",要实现"物流"过程中的联网,制造业数字化物流运营平台的网络层基本上综合了已有的全部网络形式,来构建更加广泛的"互联"。在实际应用中,信息往往通过任何一种网络或几种网络组合进行传输。

同时,随着制造业数字化物流运营平台的不断发展,网络层承担着巨大的数据量,并且面临更高的服务质量要求,因此还需要对现有网络进行融合和扩展,利用新技术实现更加广泛和高效的互联功能。

(三)平台应用层

在制造业数字化物流运营平台中,应用层的功能更加具体化和专业化。它可能包含订单管理、仓储管理、运输调度、货物追踪等功能,并利用大数据技术进行数据分析和预测,帮助企业做出合理决策和优化供应链。此外,应用层还可能为制造执行系统、精益生产、可视化工厂等应用领域提供智能管控支持,涉及人员、设备、物料、环境、生产计划、工艺监控等多个方面。其具体架构可参照图6-1。

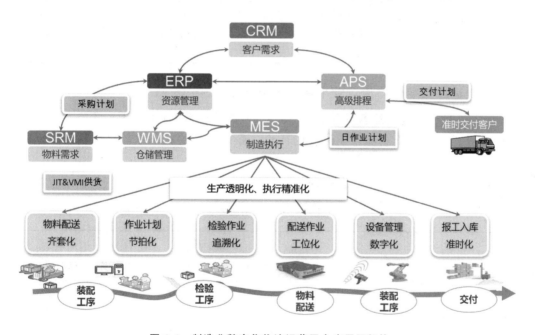

图6-1 制造业数字化物流运营平台应用层架构

1. 制造业数字化物流运营平台ERP模块

制造业数字化物流运营平台中的ERP(企业资源计划)模块是一个全面整合企业资源的核心系统,它涵盖了企业运营的多个关键领域,如财务、销售、采购、库存、生产、人力资源等,以实现企业资源的优化配置和高效利用。

ERP模块的主要功能如表6-1所示。

表6-1 ERP模块的主要功能

序号	功能	具体描述
1	财务管理	ERP模块提供全面的财务管理功能，包括成本核算、预算控制、资金管理、报表分析等。这有助于企业实时监控财务状况，做出准确的财务决策，并确保财务流程的规范化和高效化
2	销售管理	ERP模块提供客户管理、销售报价、订单处理、发货管理等功能。通过自动化和集成化的销售流程，ERP能够加速销售周期，提高客户满意度，并为企业带来更大的市场份额
3	采购管理	ERP模块对采购过程进行全面管理，通过优化采购流程，ERP能够降低采购成本，确保采购物料的质量和及时性，为生产提供稳定的物料供应
4	库存管理	ERP模块提供库存管理功能，能够实时跟踪库存状况，进行库存预警和补货提醒。这有助于企业降低库存成本，减少库存积压和浪费，提高库存周转率
5	生产管理	ERP模块提供生产计划、物料需求计划、生产订单管理、工序控制等功能。通过精细化的生产管理，ERP能够优化生产流程，提高生产效率和质量，降低生产成本
6	人力资源管理	ERP模块提供人力资源管理功能，涉及员工信息管理、招聘管理、薪资计算、绩效考核等方面。这有助于企业提高员工满意度和忠诚度，优化人力资源配置

2. 制造业数字化物流运营平台WMS模块

制造业数字化物流运营平台中的WMS（仓库管理系统）模块是一个至关重要的组成部分，它专注于仓库作业流程的优化、库存管理的精确掌控以及物流效率的提升。

WMS模块的主要功能如表6-2所示。

表6-2 WMS模块的主要功能

序号	功能	具体描述
1	库存管理	WMS模块对仓库的库存进行全面而精准的管理，包括库存查询、库存调整、库存报表生成等。WMS还能进行智能分拣，最大化地利用仓库空间，提高工作效率
2	盘点管理	WMS模块支持仓库库存的盘点管理，通过盘点计划、抽检管理、盘盈盘亏、报废等功能帮助仓库管理员及时发现异常情况并采取相应措施，保证库存数据的准确性和可靠性
3	物流管理	WMS模块对仓库物流进行精细化管理，包括入库物流和出库物流。通过搬运规划、配送计划、运输跟踪等功能，WMS降低物流成本，提高物流效率
4	作业管理	WMS模块能够管理仓库内的作业流程，对作业人员进行任务分配、绩效考核等。通过优化作业路径和时序，WMS提高整体作业效率

续表

序号	功能	具体描述
5	物料追溯	借助条码技术（一维码、二维码）、RFID技术等，WMS模块实现物料在全流程中的追溯，确保物料的安全性和可追溯性
6	系统集成	WMS模块能够与其他企业信息系统（如ERP系统、SCM系统、MES等）进行集成，实现信息共享和业务协同；还能与自动化设备（如堆垛机、无人搬运车、机械臂等）进行对接，实现仓库内设备的智能化运作
7	报表分析	WMS模块提供各类报表分析功能，如库存报表、出入库报表、盘点报表等，为企业管理层提供数据支持，辅助决策

3. 制造业数字化物流运营平台APS模块

制造业数字化物流运营平台中的APS（Advanced Planning and Scheduling，高级计划与排程）模块，是实现生产计划与物料调度高效化、精细化的关键组件。它通过集成多种数据源，运用复杂的数学模型和优化算法，对生产过程中的资源、物料、产能、时间等因素进行综合分析与模拟，从而制定出最优化的生产计划与排程方案。

APS模块的主要功能如表6-3所示。

表6-3　APS模块的主要功能

序号	功能	具体描述
1	实时性规划	利用实时获取的生产相关数据，APS模块能够实时、快速地处理如物料供给延误、生产设备故障、紧急插单等突发事件
2	同步规划	根据企业设定的目标，APS模块同时考虑企业的整体供给与需求状况，进行供需规划。这种同步规划确保了规划结果的合理性和可执行性，有助于企业实现真正的供需平衡
3	物料管理	APS模块涉及生产所需原材料、零部件等物料的采购、库存和配送管理。这有助于确保生产供应链的顺畅，减少因物料问题导致的生产中断
4	生产计划与排程	APS模块能够精确地进行生产排程、工单管理、工艺路线管理以及生产资源的调度和优化。这确保了生产计划和进度的准确性和稳定性，提高了生产效率
5	生产执行与监控	APS模块跟踪并监控实际生产活动情况、资源使用，并记录过程中的数据以供分析和改进。这使得生产过程中的问题能够被及时发现和解决，提高了生产质量和效率
6	供应链优化	APS模块涉及整个供应链的规划和优化，考虑生产能力、库存、交付时间等因素，以达到最佳的运营效果和客户满意度
7	报告与分析	APS模块能够生成生产计划和进度报告，提供各种指标和统计数据以支持决策和持续改进。这有助于企业高层对生产情况进行全面了解，从而做出更加明智的决策

4. 制造业数字化物流运营平台MES模块

制造业数字化物流运营平台中的MES（制造执行系统）模块是一个核心组成部分，主要负责对制造过程进行实时监控、优化和协调，以实现生产的高效运行和资源的最大化利用。

MES模块的主要功能如表6-4所示。

表6-4 MES模块的主要功能

序号	功能	具体描述
1	生产调度管理	MES模块能够根据生产计划、设备状态、人员配置等实时信息，对生产过程进行动态调度，通过优化生产流程，MES模块能够最大限度地提高生产效率和资源利用率
2	物料追踪和管理	MES模块对物料进行全程管理，包括物料的采购、入库、出库、消耗和追踪等。这有助于确保物料流转的透明化，减少物料浪费和漏损，提高物料使用效率
3	工艺控制和监控	MES模块能够实时监控生产线上各个工艺环节的运行状态，控制生产过程中的各项参数，并及时发现和解决异常情况。这有助于提高产品质量稳定性和生产过程的可控性
4	质量管理	MES模块对生产过程和产品质量进行全面管理，还可以实现产品追溯，帮助企业迅速找出产品的生产过程和相关信息，以便进行质量改进和风险控制
5	数据分析和报表生成	MES模块能够采集、整理和分析生产数据，生成各种报表和数据图表，帮助企业了解生产情况和趋势，为决策提供科学依据
6	设备和人员管理	MES模块可以监测设备的运行状况，提供维护预警和故障诊断。它还可以对人员进行有效管理，包括排班、技能培训和绩效评估等，以提升员工的工作效率

5. 制造业数字化物流运营平台SRM模块

制造业数字化物流运营平台中的SRM（供应商关系管理）模块，是指供应链协同管理模块，是供应链管理（SCM）系统的重要组成部分。SRM模块可以帮助制造企业与供应商建立协同合作关系，提高供应链的效率和效益。

SRM模块的主要功能如表6-5所示。

表6-5 SRM模块的主要功能

序号	功能	具体描述
1	供应商信息管理	SRM模块能够记录和管理供应商的基本信息，包括供应商的名称、联系方式、资质认证等，确保企业能够全面了解和掌握供应商的情况
2	供应商绩效评估	SRM模块可以设定绩效评估标准和体系，对供应商的服务质量、交货准时率、产品质量等进行定期或不定期的评估，帮助企业识别优质供应商，优化供应链资源

续表

序号	功能	具体描述
3	采购管理	SRM模块与采购管理紧密相连,能够协助企业制订采购计划、进行询价比较、生成采购订单、跟踪发货和收货等采购全流程管理,确保采购活动的顺利进行
4	合同管理	SRM模块提供合同管理功能,可以制定供应商合同模板,统一管理和跟踪供应商合同履约情况,降低合同风险,确保双方权益
5	协同与沟通	SRM模块能够促进企业与供应商之间的协同和沟通,通过在线平台实现信息共享、问题反馈和解决方案讨论,提高供应链响应速度和协同效率
6	风险管理	SRM模块具备风险管理功能,能够识别和分析供应链中的潜在风险,如供应商破产、质量问题等,并制定相应的风险应对措施,降低供应链风险

三、制造业数字化物流运营平台应用与发展趋势

(一)制造业数字化物流运营平台应用

1. 采购业务

制造业数字化物流运营平台在采购业务中的应用,主要包含供应商的采购—生产—交付等过程,能够根据供应商基础数据实现自动下单、自动提示供应商交付要求。具体包含到货预约、支持发送ASN、供应商到货计划编制、JIT物料拼车装货、供应商库存实时查看、装卸货车辆排队叫号管理等。

2. 入厂物流

制造业数字化物流运营平台在入厂物流环节的应用,主要包含装车—运输—收货—检验—入库等过程,对供应商的交付过程进行实行监督,以实现数字化采购的可视化。具体包含车辆出入厂时间记录、入厂到货准确性判断、匹配送货单、车流量控制、自动预警和提醒、装卸货车位管理、车辆调度、装卸货时间和效率监控等。

3. 库存管理与仓储物流

制造业数字化物流运营平台在库存管理与仓储物流环节中的应用,主要包括物料出入库扫描、物料状态与品检效率监控、物料与库位管理、实时库存监控与预警、物料在库时间监控、生产物料的齐套率监控、问题工单信息预警与处理状态管理、物料包装状态跟踪等。

4. 生产协同

制造业数字化物流运营平台在生产协同环节的应用,主要包含分拣—配送—齐套—生产—打包等过程,满足数字化生产的流动性要求,以精准响应智能制造的时

间和数量要求。具体包含各产线生产作业计划查询、显示,作业计划生产进度监控、提醒,物料配送计划查询,配送作业派工、物料分拣,齐套与配送进度监控、显示,配送指令传递,尾数物料、不良物料等信息及时采集和传递处理。

5. 成品交付

制造业数字化物流运营平台在成品交付环节的应用,主要包含成品入库—成品存储—成品检验—成品分拣—成品装车—成品运输—成品交付等过程,按照APS模块锁定的交付计划,通过MES模块的有效监控,确保成品按期完成生产并入库,通过TMS(运输管理系统)完成成品的运输资源匹配与装车运输,实现对市场要求的快速响应,完成交付。

总体而言,制造业数字化物流运营平台将以上场景的各个要素协同起来,形成企业物联网,将人、机、料、法、环、测互联互通起来,解决横向+纵向的资源协同和信息联通,具体如图6-2所示。平台通过对计划、采购、内部物流、生产作业等关键业务环节的管控,实时掌握进度、保证智能生产和有效交付。同时,平台对异常情况的全过程控制和及时处理,能更好地实现问题的事前预防和事中控制,实现各业务部门的协同性,帮助企业落地PDCA管理循环和持续优化提升,以支持打造数字化、智能化企业。

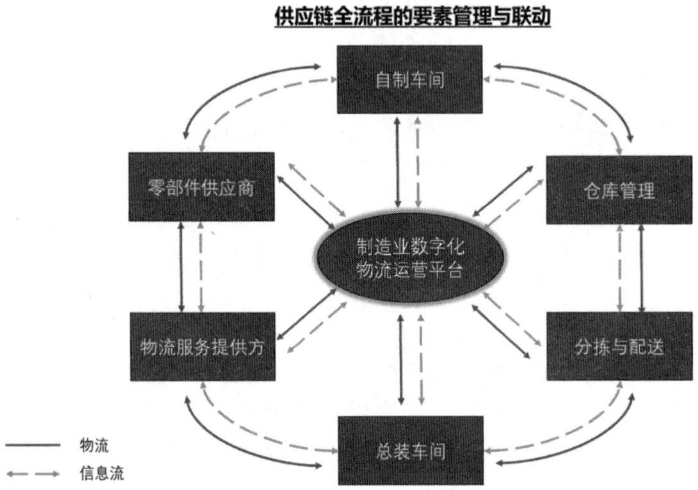

图6-2 制造业数字化物流运营平台的要素管理与联动

(二)制造业数字化物流运营平台发展趋势

1. 向智能供应链服务拓展

制造业数字化物流运营平台需要将产品、客户、供应商、技术、服务、订单、物料、工厂、产能、库存、仓库、门店、计划等都整合到一起,服从和服务于企业供应链大数据的逻辑要求,从而保证交付体系在运营过程中能够适时抓取标准—计划—执行之间的数据差异,然后进行算法优化,形成制造业供应链从数字化到智能化的升级。

2. 物流运营颗粒度更加细化

随着智能制造和智能物流的不断个性化、精准化发展，未来物流作业场景更趋于精致精确，物流运营颗粒度也更加细化，更加强调技术的现场应用与协同。制造业数字化物流运营平台需要在流程梳理的基础之上开展，而该流程必须是配合智能制造的运作需要来推动的，这就涉及相应的物流模式规划、流程梳理和参数设计的进一步细化。

3. 物流数据驱动模式更加明显

制造业模式变化倒逼物流供应链逻辑变化。从以制造为中心向以客户为中心的交付模式转变，倒逼物流运营平台从"存数据与查数据"向"数据驱动"的转化。智能制造环境下，尤其是全渠道产销数字化的企业，都在强调以客户订单与交付数据为中心，日益与互联网、云计算平台链接，其信息化必须从昔日的"存数据与查数据"转到"制造大数据/消费大数据"的数据驱动的轨道上来。

【实践前沿6-1】
海尔集团构建卡奥斯工业互联网平台（COSMOPlat）

任务实施

「步骤1」上网搜索制造企业数字化物流运营的业务流程。
「步骤2」研究学习各个企业数字化物流运营平台的构建与功能。
「步骤3」比较差异后，选择其中一家企业平台进行详细的调查研究。
「步骤4」学习了解平台集成的各个软件的功能以及它们的交互关系。
「步骤5」各小组自行绘制企业的数字化物流运营平台架构图并说明功能。

任务评价

教师对各组进行综合评价，参见表6-6。

表6-6 制造业数字化物流运营平台分析评价表

序号	评价内容	分值	得分	自我评价
1	企业类型选择正确	20		
2	业务流程了解全面	20		
3	平台架构图绘制清晰、完整	30		
4	应用软件功能说明清楚、全面	20		
5	团队分工明确、有效合作	10		
	合计	100		

任务二　商贸业数字化物流运营平台构建与应用

任务描述

李经理是某连锁超市的运营部负责人，随着电子商务的迅速发展，传统的线下商贸运营平台已不能满足公司的发展。为了提升超市的营业额，提高客户服务水平，该连锁超市决定采用线上线下相结合的数字化物流平台进行运营。作为该项目的负责人，李经理希望借鉴其他商贸企业在数字化物流运营平台构建方面的经验，从而搭建适用于自身业务的平台。假如你是李经理，你该如何着手进行调研学习工作？

任务要求

（1）任选几家（至少3家）商贸企业，浏览各企业数字化物流运营平台的搭建模式，了解各企业数字化物流运营平台的服务功能模块。

（2）详细研究其中一家企业的数字化物流运营平台，内容包含但不限于企业的运营流程、过程管理中使用的软件、所用软件的主要功能、软件之间的互通关系、平台使用的新技术等。

（3）选择自己熟悉的工具，如Word、PPT或Visio等，绘制该企业的数字化物流运营平台架构图，并简要说明各模块的主要功能。

（4）以小组形式完成该任务，注意成员间的分工合作。

知识准备

商贸业是现代经济的支柱产业之一。通过商品的流通和交换，商贸业促进了资源配置的有效性，并增加了就业机会，推动了经济增长。随着全球化的不断深入和电子商务的兴起，商贸业正经历着深刻的变革和发展。电子商务作为商贸业的重要组成部分，已经成为推动行业发展的关键力量。电子商务通过网络平台实现了全球市场的互联互通，打破了传统渠道的地域限制，为商品的促销和交易提供了新的途径。随着电子商务的不断发展，商贸业的发展前景愈发广阔。

一、商贸业数字化物流运营平台认知

（一）商贸业数字化物流运营平台概念

商贸业数字化物流运营平台是以互联网、大数据、云计算、5G、人工智能等新技术为基础，为企业展示商品、获取订单、组织生产、金融结算与货物送达等全过程提供智能服务和智能决策的管理平台。商贸业数字化物流运营平台利用数字化技术，推动了商贸活动的数字化转型。通过供应链整合、交易模式创新、数据分析与预测、客户体验优化、实施安全管理措施以及推进移动化与智能化等，数字化物流运营平台为商贸业的发展注入了新的动力，推动了商贸业的持续创新和发展。

（二）商贸业数字化物流运营平台特点

1. 以商贸业务服务为中心

商贸业物流是指商贸企业为了提供高效、可靠的服务，满足客户的需求而进行的订单管理、商品采购、库存管理、产品营销、财务结算、客户关系管理等一系列商贸活动所产生的物品流动、信息流通、资金移动的过程，是确保商品有效传递到消费者手中的必要支持过程。因此，商贸业数字化物流运营平台的功能设计，注重满足商贸业务的运营需求，如订单管理、仓储管理、运输配送管理、售后服务、门店管理等方面的需求。

2. 注重平台的智能性和协同性

商贸业数字化物流运营平台利用云计算、大数据、AI、5G、物联网、区块链等技术，有效支撑企业各类业务需求，有效连接上下游供应链合作伙伴，实现信息共享和协同作业，提高供应链的整体效率。在底层技术的支持下，通过智能系统与硬件的配置，平台支持一站式赋能，实现专业化营销、集约化物流、智能运营与多元化配套等服务的智能协同运营。

3. 强调平台的便捷性和安全性

商贸业数字化物流运营平台为消费者提供方便、快捷的购物体验，同时也为商家提供高效、低成本的销售渠道。平台通过提供简单易用的操作界面，提供实时数据追踪和可视化功能，方便企业进行业务流程管理。平台采用加密技术来保护用户个人信息和支付信息的安全性，通过完善的金融服务与监管机制，确保平台用户在贸易过程中商业机密、个人信息、财务安全等得到充分的保障。随着技术的发展和消费者需求的变化，平台的便捷性和安全性不断迭代升级，为平台用户提供更好的服务。

4. 强调平台的开放性与扩展性

商贸业数字化物流运营平台具有开放性，可以与商贸企业（品牌商、电商平台、线下零售企业、供应商、分销商等）、物流企业（仓储型物流企业、综合物流服务企业、物流园区、劳务公司）、配套服务企业（金融机构、车后相关企业）的物流平台以及其他系统和软件进行对接，实现数据的实时共享和协同。同时，平台需要全面地覆盖市场和客户服务，因此平台需根据业务需求不断进行扩展和升级，为入驻平台的用户提供一站式物流配送解决方案，优化物流配送流程、降低物流成本。

二、商贸业数字化物流运营平台构建

商贸业数字化物流运营平台一般由以下几个层面组成：

（一）平台感知层

商贸业数字化物流运营平台感知层是实现贸易过程中对库存水平、销售情况、顾客行为等感知的基础，是商贸业数字化物流运营平台的起点。感知层利用各类传感器、RFID标签、摄像头等设备实时收集商贸活动中的各种数据。企业将收集到的数据通过边缘计算或云计算进行处理和分析，大数据分析结果以图表、报告等形式直观地展示给决策者，帮助他们快速理解业务现状和问题所在。

基于感知层提供的数据洞察，结合历史数据，商贸企业可以利用机器学习算法进行预测分析，如预测库存需求、销售趋势等，从而对业务流程、库存管理、销售策略等进行优化和调整。感知层还可实时监测业务运行状况，发现异常情况或潜在风险，并及时发出预警。感知层用到的核心技术包括云计算、大数据、AI、5G、物联网、区块链等技术。

（二）平台网络层

商贸业数字化物流运营平台的网络层是连接感知层和应用层的关键枢纽，主要负责实现数据的高效、安全和可靠传输。为了确保数据传输效率，网络层需要利用先进的网络通信技术和协议，如5G、LoRa、NB-IoT等。此外，商贸业数字化物流运营平台涉及大量的敏感数据，如库存信息、销售数据、客户信息等，因此网络层需要具备强大的数据安全保障能力，确保数据在传输过程中不被泄露、篡改或非法访问，这需要采用加密技术、安全认证和访问控制等手段。

商贸业数字化物流运营平台需要随着业务的发展而不断扩展和优化，因此网络层需要具备高度的可扩展性和灵活性，能够支持不断变化的业务需求和系统架构，需要用到微服务架构、容器技术等现代化的技术解决方案。此外，商贸业数字化物流运营平台需要24小时不间断地运行，以确保业务的顺利进行，因此网络层需要具备高度的稳定性和可靠性，能够应对各种突发情况和挑战，需要采用负载均衡、容灾备份等技术手段。总之，商贸业物流数字化平台的网络层需要具备高效、安全、可扩展、灵活、稳定和可靠等特性，以确保数据的顺畅传输和系统的稳定运行。

（三）平台应用层

商贸业数字化物流运营平台的应用层是商贸业数字化转型的重要组成部分，应用层通过提供集成化、智能化的业务处理平台和丰富的服务项目，对感知层采集而

来的全流程数据进行分析、挖掘、运用,并据此进行决策与指令下达。以京东集团云物流服务平台(见图6-3)为例,通过各子系统的整合,构建商贸业全价值链的数字化物流运营平台,实现商贸业的数字化转型和创新发展,提升整个商贸业的运营管理效率。

图6-3 京东集团云物流服务平台

1. 全渠道订单管理系统

全渠道订单管理系统(OMS)是一款专门针对全渠道的订单管理软件,可以对接主流销售渠道,实现订单捕获、订单寻源、订单履行等。此外,OMS还可以支持订单各环节的配置策略,实现无风险订单自动流转,满足自动审核、拆单、寻源、挂起、拦截、退款等场景,提高订单的执行效率。同时,OMS还具备业务合规性优势,可以从订单生成阶段就进行金额的分摊管理,明确资金来源,与税票形成闭环,实现应收自动化过账、账单自动化核销,提升财务的应收应付与对账的准确性。

在实际应用中,全渠道订单管理系统可以帮助企业更好地管理订单,提高订单处理效率,减少人工干预,降低出错率,从而提升客户满意度和忠诚度。此外,OMS还可以提供实时的订单数据分析和报表,帮助企业更好地了解市场需求和消费者行为,为企业的决策提供支持。

2. 车辆管理系统

车辆管理系统(VMS,Vehicle Management System)通常用于物流园区、运输公司、出租车公司、公交车公司以及其他需要对车辆进行高效管理的场景。VMS可以通过集成各种传感器、GPS定位、无线通信等技术,实时监控车辆的位置、速度、运行状态等信息,帮助管理者对车辆进行实时调度、维护、保养等操作,提高车辆的使用效率和安全性。

VMS的核心功能如表6-7所示。

表6-7 VMS的核心功能

序号	功能	具体描述
1	车辆实时监控	VMS可以实时显示车辆的位置、速度、运行状态等信息,帮助管理者及时掌握车辆的情况
2	车辆调度管理	根据订单或任务需求,VMS可以对车辆进行智能调度,提高车辆的利用率和运行效率
3	车辆维护管理	VMS可以记录车辆的维护历史、保养提醒等信息,确保车辆处于良好的运行状态
4	车辆安全管理	通过安装报警装置、安全监控等设备,确保车辆运行过程中的安全
5	数据分析与报表	VMS可以对车辆运行数据进行分析,生成各种报表,帮助管理者了解车辆的运行情况和优化管理策略

物流园区中的VMS可以帮助园区管理者对园区内的车辆进行全面监控和管理,提高物流运输效率,降低运输成本,保障运输安全。同时,VMS还可以与其他管理系统(如OMS、WMS等)无缝对接,实现物流信息的共享和协同处理,提高物流园区的整体运营效率。

3. 智能分拣系统

智能分拣系统(DMS,Distribution Management System)通过先进的信息化技术和自动化设备,实现对物流订单的智能分拣、路径规划、资源调度等,从而提高物流运作的效率和准确性,降低物流成本,提升客户满意度。

DMS的核心功能如表6-8所示。

表6-8 DMS的核心功能

序号	功能	具体描述
1	智能分拣	根据订单信息自动进行分拣,将不同目的地的订单分配到相应的分拣区域,减少人工干预和错误
2	路径规划	通过算法优化,为分拣员或自动化设备规划出最优的分拣路径,提高分拣速度和准确性
3	资源调度	根据实时的订单量和分拣需求,智能调度人力资源、设备资源和仓储资源,确保物流运作的顺畅进行
4	数据分析与优化	通过收集和分析大量的物流数据,发现运作中的瓶颈和问题,为企业提供决策支持和改进建议
5	系统集成	能够与其他物流管理系统(如OMS、WMS等)无缝对接,实现数据的实时同步和共享,提升整个物流链的协同效率

4. 财务结算系统

商贸业数字化物流运营平台的财务结算系统（BMS）是一个集中处理商贸交易结算的核心系统。它负责处理所有与交易结算相关的业务，包括订单结算、支付处理、退款管理、对账与结算等。BMS通过集成支付渠道、银行接口、财务系统等，实现了交易资金的快速清算和结算，为商贸企业提供高效、准确、安全的结算服务。

BMS的核心功能如表6-9所示。

表6-9 BMS的核心功能

序号	功能	具体描述
1	订单结算管理	BMS能够自动捕获和处理来自OMS的订单信息，根据订单状态、支付条件等规则进行结算处理。BMS支持多种结算方式，如在线支付、货到付款、预付款等，满足不同商贸场景的需求
2	支付处理与退款管理	BMS集成了多种支付渠道，包括银行卡支付、第三方支付平台等，实现了一站式支付处理。同时，BMS还提供了灵活的退款管理功能，支持快速处理退款请求，提升客户满意度
3	对账与结算	BMS能够自动与支付渠道、银行进行对账，确保交易数据的一致性。通过自动清算和结算处理，企业可以及时获取交易资金，提高资金使用效率
4	报表与分析	BMS提供了丰富的报表和分析工具，帮助企业实时监控交易数据、结算情况以及风险状况，为企业的决策提供有力支持
5	安全与合规	BMS严格遵守相关支付和结算法规，确保交易资金的安全与合规。同时，BMS还采用了多种安全措施，如数据加密、风险控制等，保障交易数据的安全性

5. 智能门店管理系统

商贸业数字化物流运营平台的智能门店管理系统是一种针对线下服务门店的综合管理系统，它集合了销售、会员管理、营销推广等多种功能，旨在帮助商贸企业提升门店运营效率和盈利能力。

智能门店管理系统的功能如表6-10所示。

表6-10 智能门店管理系统的功能

序号	功能	具体描述
1	会员管理	该系统可以记录会员的基本信息、消费记录、积分情况等，从而帮助企业更好地了解会员需求，提供个性化的服务和优惠
2	销售管理	该系统可以记录商品的销售情况、库存情况等，帮助企业进行销售预测和库存管理，避免出现库存积压和缺货现象

续表

序号	功能	具体描述
3	营销推广	该系统可以通过短信、邮件、App推送等方式向会员发送营销信息，包括新品推荐、促销活动等，提升销售额和顾客回头率
4	数据分析	该系统可以对销售数据、会员数据等进行分析和挖掘，帮助企业了解市场需求和消费者行为，为企业的决策提供支持
5	移动化管理	该系统支持移动端操作，方便门店员工随时随地进行订单处理、库存管理等工作，提高工作效率

三、商贸业数字化物流运营平台应用与发展趋势

（一）商贸业数字化物流运营平台应用

1. 市场调研与需求分析

市场调研与需求分析是商贸企业开展业务的第一步。企业需要对目标市场进行深入调查，了解消费者的需求、竞争对手的情况以及市场的整体趋势。通过数据分析，企业可以制定更为精准的市场策略，为后续的供应商选择、商品采购以及销售策略制定提供有力支持。商贸业数字化物流运营平台可以通过与品牌商、电商平台、线下零售企业、供应商、分销商等的互联互通，多渠道收集客户行为、市场趋势、产品销量等数据，利用大数据分析、云计算等工具进行深度挖掘，为决策提供数据支持。

2. 供应商选择与评估

供应商是商贸企业的核心合作伙伴，选择合适的供应商至关重要。商贸业数字化物流运营平台可以通过感知层的相关技术实时收集商贸活动中的各种数据，对供应商的信誉以及商品质量、价格、交货期等方面数据通过边缘计算或云计算进行处理和分析，并以图表、报告等形式直观地呈现，供决策者进行供应商评估，确保所采购的商品能够满足市场需求，同时保证利润最大化。

3. 商品采购与入库

根据市场调研和供应商评估的结果，企业可以优化商品采购流程。商贸业数字化物流运营平台可以提供供应商信息查询、价格对比、订单管理等功能，帮助企业快速找到合适的供应商，并以最优惠的价格采购商品，帮助企业优化采购流程，降低采购成本，提高采购效率。

入库验收是确保商品质量的重要环节。借助商贸业数字化物流运营平台，企业可以利用物联网技术和智能设备对入库商品进行自动化验收，包括数量核对、质量检查等。这不仅可以提高验收的准确性和效率，还能够降低人力成本，为后续销售做好准备。

4. 库存管理

以 WMS 为平台基础的库存管理系统是商贸业数字化物流运营的重要工具。通过建立数字化的库存管理系统，可以帮助商贸企业提高仓储管理效率，降低仓储成本。例如，平台可以提供库存管理、仓库管理、拣选、分拣、包装等功能，帮助企业实时掌握库存情况，提高仓储作业效率。企业可以实时掌握库存状况，包括库存数量、分布、状态等。这有助于实现库存的合理配置和优化，避免出现库存积压和缺货现象，提高库存周转率。

5. 商品销售与出库

商品销售是商贸企业的主要收入来源。企业需要制定科学的销售策略，包括定价、促销、销售渠道选择等，以吸引消费者，提高销售额。商贸业数字化物流运营平台可以快速对接商贸客户的业务需求，通过 OMS 实现订单的快速生成、审批、执行和跟踪，通过 WMS 快速实现商品出库，通过智能感知技术与设备的运用，确保出库商品的数量、质量无误，并及时更新库存信息。这不仅能够提高订单处理的效率，还能够减少人为错误，确保销售与出库流程的顺畅进行。VMS、TMS 根据客户的地址、商品类型、时间要求等因素，推荐最合适的运输方式和配送路线，同时调度资源进行商品送达服务。

6. 财务结算与对账

财务结算与对账是商贸企业日常运营的重要环节。企业需要对每笔交易进行准确的财务记录，包括收入、成本、利润等。定期与供应商、客户进行对账，确保账目清晰、准确，避免出现财务纠纷。商贸业数字化物流运营平台通过 BMS 可以集中处理商贸交易结算，负责处理所有与交易结算相关的业务，包括订单结算、支付处理、退款管理、对账与结算等。BMS 通过集成支付渠道、银行接口、财务系统等，实现了交易资金的快速清算和结算，为商贸企业提供高效、准确、安全的结算服务。

商贸业数字化物流运营平台的应用覆盖了市场调研与需求分析、供应商选择与评估、商品采购与入库、库存管理、商品销售与出库、财务结算与对账等全流程，在提升效率、优化决策、改善客户体验、拓展市场渠道、降低运营成本和创新业务模式等方面发挥了重要作用。随着科技的不断进步和应用，数字化物流运营平台将继续推动商贸业的创新和发展。

（二）商贸业数字化物流运营平台发展趋势

随着商贸业数字化转型的不断深入，商贸业数字化物流运营平台也将迎来快速发展。未来，商贸业数字化物流运营平台将朝着以下方向发展：

1. 技术创新助推平台智能化

随着物联网（IoT）技术的深入应用，商贸业物流过程中的各种设备和货物都能实现更加深度的互联互通，商贸业数字化物流运营平台可以实时获取货物的位置、状态等信息，实现精准追踪和智能调度。大数据和人工智能技术的结合应用，将会大幅提升平台的数据分析和处理能力，帮助平台实现自动化决策和优化。云计算、区块链、5G通信等技术创新也将全面助推商贸业数字化物流运营平台的运营效率和服务质量提升。

2. 互联互通实现平台跨界融合

跨界融合将会为商贸业数字化物流运营平台带来新的发展机遇和市场竞争优势。首先，通过与其他行业的平台或系统对接，跨界融合的平台可以帮助商贸业拓展业务范围，提供更加多元化的服务。比如，物流平台将会与电商平台、金融平台等进行更加深度的融合，实现订单处理、支付结算、融资等一站式服务。同时，互联互通将会打破不同平台之间的信息壁垒，使得各种物流资源、信息能够自由流动和共享。这些都将有助于商贸业数字化物流运营平台更好地整合和利用资源，实现互利共赢。

3. 消费者行为引领平台多元化创新

商贸业数字化物流运营平台将会更加注重用户体验和服务创新，通过不断优化用户界面和功能，提升用户满意度和忠诚度。消费者行为的变化对平台的影响深远而广泛，平台需要不断适应和创新，以更好地满足消费者多元化的需求和期望。通过深入挖掘消费者需求、优化购物流程、提升购物体验、加强数据保护和隐私保护等措施，赢得消费者的信任和忠诚，助力商贸企业在激烈的市场竞争中立于不败之地。

【实践前沿6-2】

数贸会：推动数字贸易繁荣发展

任务实施

「步骤1」上网搜索商贸企业数字化物流运营的业务流程。
「步骤2」研究学习各个企业数字化物流运营平台的构建与功能。
「步骤3」比较差异后，选择其中一家企业平台进行详细的调查研究。
「步骤4」学习了解平台集成的各个软件的功能以及它们之间的交互关系。
「步骤5」各小组自行绘制企业的数字化物流运营平台架构图并说明功能。

任务评价

教师对各组进行综合评价，参见表6-11。

表6-11 商贸业数字化物流运营平台分析评价表

序号	评价内容	分值	得分	自我评价
1	企业类型选择正确	20		
2	业务流程了解全面	20		
3	平台架构图绘制清晰、完整	30		

续表

序号	评价内容	分值	得分	自我评价
4	应用软件功能说明清楚、全面	20		
5	团队分工明确、有效合作	10		
	合计	100		

任务三　物流业数字化物流运营平台构建与应用

任务描述

孙经理是某第三方物流企业运营平台的负责人，随着公司的发展，公司业务范围从最初的成品仓储与发运业务，向前端扩展到原材料采购、取货、存储和转运，后端扩展到成品的门店配送与财务结算等模块。既有的物流运营平台难以支撑业务发展的需要，公司急需进行平台的数字化转型，实现精准管理、实时反馈。作为运营平台的负责人，孙经理希望通过学习借鉴其他物流服务类企业的数字化物流运营平台构建方案，为搭建适用于自身业务的平台做好基础准备。假如你是孙经理，你该如何着手进行调研学习工作？

任务要求

（1）任选几家（至少3家）物流服务类企业，浏览各企业数字化物流运营平台的搭建模式，了解各企业数字化物流运营平台的服务功能模块。

（2）详细研究其中一家企业的数字化物流运营平台，内容包含但不限于企业的运营流程、过程管理中使用的软件、所用软件的主要功能、软件之间的互通关系、平台使用的新技术等。

（3）选择自己熟悉的工具，如Word、PPT或Visio等，绘制该企业的数字化物流运营平台架构图，并简要说明各模块的主要功能。

（4）以小组形式完成该任务，注意成员间的分工合作。

知识准备

物流业是流通服务业中的重要组成部分，在整个流通服务业中扮演着关键角色，主要提供运输、仓储、装卸、包装、配送等一系列物流服务。物流服务类企业通常拥有专业的物流设施和技术，具备高效的物流管理和运作能力，能够根据客户需求提供定制化、专业化的物流服务。通过有效的物流管理和运作，物流服务类企业可以帮助客户提高物流效率，降低物流成本，提高客户的满意度和竞争力。常见的物流服务类企业包括货运代理公司、快递公司、物流公司、仓储公司等。这些企业可以通过各种方式提供服务，如陆运、海运、空运等，也可以根据客户需求提供多种物流服务的组合。

 一、物流业数字化物流运营平台认知

（一）物流业数字化物流运营平台概念

物流业数字化物流运营平台是物流服务类企业为实现物流业务的高效、智能化管理与运营，依托互联网、物联网、大数据、云计算等先进技术，针对订单管理、仓储管理、运输管理等多方面的数字化运营而构建的综合性管理平台。其核心理念是通过数字化手段将传统物流服务流程进行深度重构与优化，提升物流服务的透明度、精准度和响应速度，实现物流服务资源的高效配置与协同运作。

（二）物流业数字化物流运营平台特点

1. 以客户服务为价值取向

物流服务类企业主要提供将货物从起点运到终点的全程物流服务，确保货物能够安全、高效地到达目的地，通过提供货物的运输、配送、仓储、包装、搬运、装卸以及相关的物流信息等服务，帮助客户更好地管理货物的流动和存储，降低物流成本，提高物流效率。因此，物流业数字化物流运营平台的构建必须以客户服务为核心，通过个性化服务定制、实时响应与沟通、高效协同与信息共享、智能化决策支持以及持续优化与创新等，不断提升客户体验和服务质量，实现与客户的共赢发展。

2. 以数据为核心

物流业数字化物流运营平台以数据为核心，汇聚物流全流程数据，包括订单信息、运输信息、仓储信息、配送信息等。充分利用物联网和传感器技术，实时获取货物在运输过程中的位置、状态等信息，并进行追踪和监控，提高运输的安全性和可靠性。通过收集、整理和分析物流数据，利用大数据和人工智能技术，对物流活动进行智能化优化，提高物流效率，提升客户服务质量，降低物流服务成本。

3. 注重平台的协同性与合作性

物流业数字化物流运营平台通过集成先进的数字化技术,实现企业内部各个环节的高效协同,以及订单处理、仓储管理、运输配送等各环节的信息共享和实时更新,确保了整个物流过程的流畅和高效。物流服务类企业借助平台与供应链上的各个环节建立紧密的合作关系,通过信息的共享和协同,实现资源的整合和优化配置。物流业数字化运营平台还注重与金融机构、电商平台等其他行业系统的深度融合。平台的协同性与合作性有助于提升整个供应链的效率和竞争力,降低运营成本,提高客户满意度。

4. 注重平台的开放性与扩展性

物流业数字化物流运营平台不局限于物流企业内部应用,还鼓励供应链上的各个环节,如供应商、生产商、分销商等共同参与和协作运行。随着市场的不断变化和客户需求的多样化,物流服务类企业需要不断拓展业务范围,平台的扩展性可以支持企业快速接入新业务模块和服务,从而满足市场的不断变化。这也要求企业在构建数字化物流运营平台时,必须注重技术标准的统一、多方参与和协作以及合规与标准化等方面的工作,确保平台的稳定性和可持续性。

二、物流业数字化物流运营平台构建

物流业数字化物流运营平台一般由以下几个层面组成:

(一)平台感知层

物流业数字化物流运营平台的感知层是智慧物流系统实现对货物感知的基础,是智慧物流的起点。感知层的任务是为企业管理者提供基本的数据来源,这些数据主要来自分布式系统。感知层的主要作用是通过各种感知技术实现对物品与设施设备的感知,并捕捉物流运作过程中的流体、流速、流向、流量和环境参数等各种基础数据,是物流业务数字化运营的基础。

在数字化物流运营平台中,感知层所依赖的常用技术包括条码自动识别技术、RFID感知技术、GPS移动感知技术、传感器感知技术、红外感知技术、语音感知技术、机器视觉感知技术等。这些技术被用于对物流过程中的各个环节进行实时监控和数据采集,包括车辆位置、货物状态、环境参数等。

通过感知层获取的数据,企业可以进一步用于订单管理、仓储管理、运输调度、货物追踪等环节,实现物流全流程的可视化、可控化和可追溯化。同时,感知层的数据也为数据分析和预测提供了基础,帮助企业做出更合理的决策,优化供应链管理。

(二)平台网络层

在物流服务类企业的数字化物流运营平台中,网络层主要负责对感知层所采集的各项信息进行传递与有效处理。利用现代通信技术,如5G技术实现物流相关数据的快速、准确传递。同时，在大数据分析技术的支撑下，网络层还能对物流数据进行深入的分析处理，提取有价值的信息。

网络层的功能主要体现在以下方面：①数据传输：网络层能够将感知层采集的物流数据实时、准确地传输到平台的数据中心或相关处理系统，确保信息的及时性和准确性。②数据处理：通过运用大数据、云计算等先进技术，网络层可以对海量的物流数据进行处理和分析，提取出对业务决策有价值的信息。③信息共享：网络层可以实现物流信息在供应链各环节之间的共享，提高供应链的透明度和协同性，促进物流活动的有序进行。

通过构建高效、稳定的网络层，物流服务类企业能够实现对物流流程的数字化、网络化、智能化管理，提高物流运作的效率和质量。同时，网络层也为物流服务类企业的业务拓展和创新提供了强大的技术支撑。

（三）平台应用层

物流业数字化物流运营平台的应用层是整个平台架构中直接面向用户的关键层级，它承载着实现业务逻辑处理、功能交互和接口调用等功能。在数字化物流运营平台中，应用层的设计目标是提供高效的业务流程支持、用户友好的交互界面以及灵活的服务集成能力。

具体来说，应用层一般包含以下几个核心部分：

（1）业务逻辑处理模块。应用层封装了物流各个环节的具体业务规则和流程，比如订单管理、库存控制、运输调度、路线规划、成本计算、追踪查询等，确保业务操作的准确性和高效性。

（2）接口服务组件。对外提供API服务，使得其他系统或应用程序可以无缝对接，如ERP系统、WMS（仓库管理系统）、TMS（运输管理系统）、GIS（地理信息系统）等，实现不同系统间的数据交换和协同工作。

（3）用户界面/用户体验（UI/UX）。设计和开发适应多种终端设备（如PC端、移动端、自助终端等）的用户界面，提供简洁易用的操作体验，展示实时物流动态、报表统计分析等内容，并支持用户进行各种操作任务，如下单、查询、生成报告等。

（4）智能算法与决策支持。利用AI和大数据技术，在应用层中嵌入智能决策模块，例如基于数据分析的智能路线选择、预测性维护、异常检测、自动补货等，帮助企业管理者快速做出最优决策。

（5）协作与沟通工具。构建内部员工和外部合作伙伴间的协作工具，支持即时通信、任务分配、状态更新等功能，以促进信息流转和作业协同。

物流业数字化物流运营平台的应用层通过技术和业务相结合的方式，不仅实现了物流业务的线上化、智能化运行，也提升了客户服务质量和企业整体运营效能。根据企业服务对象的不同，平台的构建又会有不同的服务逻辑与侧重点。图6-4所示是以产品分销服务为主营业务的物流企业的数字化运营平台架构。

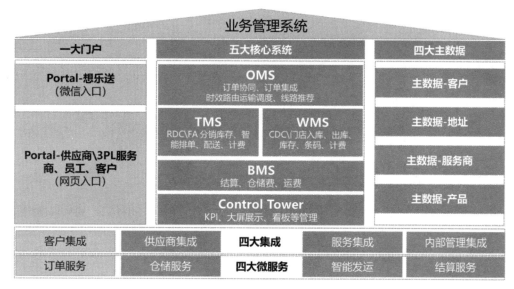

图 6-4 分销服务型物流企业数字化运营平台架构

 三、物流业数字化物流运营平台应用与发展趋势

(一)物流业数字化物流运营平台应用

1. 订单管理

物流业数字化物流运营平台通过小程序、App、Portal(门户)等渠道与个人物流服务用户、企业客户的 ERP\CRM 等系统对接,确保客户订单接收、处理的高效性、准确性和透明性,其主要步骤和方式如下。

(1)订单接收与录入。平台通过在线接口或移动应用接收客户提交的订单信息,包括货物种类、数量、发货地和目的地等。自动化系统将订单信息录入系统,并生成唯一的订单编号,方便后续追踪和查询。

(2)订单验证与确认。平台自动验证订单信息的准确性和完整性,包括客户资料、货物信息、收货地址等。如果订单信息有误或不完整,平台会及时通知客户进行修改或补充。验证通过后,平台会向客户发送订单确认信息,确保双方对订单内容达成一致。

(3)订单分配与调度。根据订单的地理位置、货物类型、运输要求等因素,平台智能分配订单给合适的仓库、运输车辆和人员。调度系统负责协调各方资源,确保订单能够按时、按质完成。

(4)订单状态更新与追踪。在订单处理过程中,平台会实时更新订单状态,包括拣货、打包、出库、运输等环节。客户可以通过移动应用实时查询订单状态,了解货物的实时位置和预计到达时间。

(5)异常订单处理。对于因各种原因导致的异常订单(如货物损坏、丢失、延误等），平台会及时发出警报，并通知相关人员进行处理。客服人员会与客户沟通，了解具体情况，并提供解决方案或补偿措施。

（6）订单数据分析与优化。平台会收集大量的订单数据，包括订单量、订单类型、运输时间、成本等。通过数据分析，企业可以了解订单处理的效率和瓶颈，制定优化措施，提高订单处理的速度和质量。

（7）与其他系统的集成。数字化物流运营平台可以与企业的其他系统（如ERP、CRM等）进行集成，实现数据的共享和交换。这有助于企业实现业务流程的自动化和协同化，提高整体运营效率。

2. 仓储管理

物流业数字化物流运营平台通过集成RFID技术、仓库管理系统（WMS）等，为企业提供实时库存监控、需求预测与计划、自动化补货与调拨、库存优化建议以及库存风险预警等功能，能够显著提升企业对库存的管理能力，降低库存成本，提高运营效率，具体应用如下。

（1）实时库存监控。数字化物流运营平台通过实时数据采集和更新，为企业提供准确的库存信息。企业可以随时了解库存状态，包括货物数量、种类、位置等，从而做出及时的库存调整决策。

（2）需求预测与计划。平台利用大数据分析技术，结合历史销售数据、市场趋势等信息，对企业的库存需求进行预测。这有助于企业提前制订采购计划，避免库存积压或缺货现象，确保库存水平始终保持在一个合理的范围内。

（3）自动化补货与调拨。基于实时库存信息和需求预测，平台可以自动触发补货或调拨指令。当库存低于安全库存水平时，平台会自动通知供应商进行补货；当不同仓库之间存在库存差异时，平台可以自动进行库存调拨，实现库存资源的优化配置。

（4）库存优化建议。通过对库存数据的深度分析，平台能够为企业提供库存优化建议。例如，根据销售速度和库存周转率，平台可以建议企业调整库存结构，减少滞销商品的库存，增加热销商品的库存。

（5）库存风险预警。平台能够实时监控库存风险，如物品过期、损坏、丢失等，并在发现风险时及时发出预警。这有助于企业迅速采取应对措施，降低库存损失。

3. 运输与配送管理

物流业数字化物流运营平台借助TMS等系统在货物运输与配送环节的应用，使得企业能够更高效地处理订单，优化运输计划，实时追踪货物，并通过数据分析提高决策精准性，从而提升了整个物流服务的水平和质量。平台在运输与配送环节的应用主要体现在以下几个方面：

（1）订单管理优化。通过数字化物流运营平台，企业可以实时监控订单状态，自动分配资源，优化订单分批和线路规划。这种优化过程不仅提高了订单处理的效率，还减少了资源浪费，使得整个运输与配送过程更为高效。

（2）运输调度智能化。数字化物流运营平台利用智能算法实现优化运输计划，提供实时路况和交通信息，监控货车和司机的位置。这种智能化的调度方式可以实时响应运输过程中的变化，避免交通拥堵，缩短运输时间，提高运输效率。

（3）货物追踪实时化。借助物联网技术，平台能够实时监控货物的位置和状态，提供可靠的追踪和查询服务。这不仅提高了货物的安全性，还使得企业及其客户可以实时了解货物的运输进度，提高了客户满意度。

（4）数据分析和预测精准化。通过大数据技术，平台可以对物流运作数据进行分析和预测，帮助企业做出合理决策和优化供应链。这种数据驱动的决策方式使得企业在运输与配送环节能够更准确地预测需求，优化资源配置，降低成本。

（二）物流业数字化物流运营平台发展趋势

数字化物流运营平台是物流服务类企业利用数字化技术，对物流运营进行全流程的数字化管理的重要工具。近年来，随着数字化技术的快速发展，物流业数字化物流运营平台呈现出以下发展趋势：

1. 平台功能不断完善

物流业数字化物流运营平台将从传统的订单管理、运输管理、仓储管理、配送管理等功能，向供应链金融、数据分析、智能决策等功能拓展。服务领域从传统的物流业务扩展到其他物流相关领域，如物流方案规划与咨询、供应链集成一体化服务、供应链金融与结算等。

2. 供应链协同化增强

随着人工智能、大数据、云计算等技术的不断发展，数字化物流运营平台将更加注重技术创新和应用。平台将采用更加先进的技术，提高平台的交互能力，促进供应链上下游企业间的信息共享和协同作业。通过平台，企业可以实时了解供应链各环节的情况，实现供应链的透明化和可视化。同时，平台还将提供协同工具，帮助企业实现跨部门的协同作业，提高供应链的响应速度和灵活性。

3. 服务个性化与定制化

随着服务对象需求的多样化，物流服务也需要更加个性化和定制化。数字化物流运营平台可以通过收集和分析客户数据，了解客户的具体需求和偏好，为客户提供定制化的物流解决方案。同时，平台还可以提供多样化的服务选项，满足客户的不同需求。定制化服务则是根据企业的特定需求，为其提供定制化的物流解决方案。这主要涉及对企业的业务模式、产品特性、市场定位等方面的深入了解。数字化物流运营平台通过与企业建立紧密的合作关系，可以深入了解企业的运营需求和痛点，从而为其提供量身定制的物流方案。

【实践前沿6-3】
物流业愿景：全面数字化赋能新质生产力

4. 数据安全与隐私保护

随着数字化转型的深入推进以及相关法律法规的严格实施，数字化物流运营平台在数据安全与隐私保护方面的发展趋势日益凸显。数字化物流运营平台将积极采用先进的数据安全技术，如数据加密、数据脱敏、访问控制等，保障客户数据与隐私安全。平台将制定更加完善的数据安全管理制度，响应法律法规的要求。此外，数字化物流运营平台将积极投入研发，推动数据安全与隐私保护技术的创新。例如，利用区块链技术实现数据的可追溯性和不可篡改性，确保数据的真实性和完整性；利用人工智能技术进行数据风险识别和预警，及时发现并应对潜在的数据安全威胁。

任务实施

「步骤1」上网搜索物流服务类企业数字化物流运营的业务流程。
「步骤2」研究学习各个企业数字化物流运营平台的构建与功能。
「步骤3」比较差异后，选择其中一家企业平台进行详细的调查研究。
「步骤4」学习了解平台集成的各个软件的功能以及它们之间的交互关系。
「步骤5」各小组自行绘制企业的数字化物流运营平台架构图并说明功能。

任务评价

教师对各组进行综合评价，参见表6-12。

表6-12 物流业数字化物流运营平台分析评价表

序号	评价内容	分值	得分	自我评价
1	企业类型选择正确	20		
2	业务流程了解全面	20		
3	平台架构图绘制清晰、完整	30		
4	应用软件功能说明清楚、全面	20		
5	团队分工明确、有效合作	10		
	合计	100		

物流数字化运营平台项目实施分析

实训背景

假设一家中型物流公司，希望搭建一个全面的数字化物流运营平台，以提高其仓储、运输、配送等环节的效率。请实训团队基于这一目标制定项目实施的阶段计划说明书，并识别各个阶段所需项目成员的岗位与技能要求；针对其中一种平台功能，进行调研分析，对实现该功能的必要条件进行详细阐述。

实训目的

引导学生了解数字化物流运营平台从需求分析到系统实施及优化的全项目过程,培养学生的数字化思维逻辑,提升学生对数字化管理的认知水平。

实训组织

(1) 以小组为单位,研讨项目实施的基本步骤。
(2) 结合该公司的数字化需求,制定项目实施的阶段计划说明书。
(3) 基于项目实施阶段,识别对应的岗位需求与技能要求。
(4) 针对一种平台功能,进行调研分析,阐述该功能实现所需的必要条件。
(5) 展示成果,交流评价。

实训评价

教师对各组进行综合评价,参见表6-13。

表6-13 物流数字化运营平台项目实施分析评价表

序号	评价内容	分值	得分	自我评价
1	项目计划阶段完整	20		
2	阶段工作内容详实	20		
3	岗位需求与技能要求识别精准	30		
4	展示过程条理清晰	20		
5	体现数字化管理能力和意识	10		
	合计	100		

【自测评估】

项目七 「数字化物流客户运营」

任务一　数字化物流客户关系管理认知
任务二　数字化客户运营
任务三　客户关系管理系统应用
同步实训　物流企业客户关系管理现状分析

学习目标

◆ 素养目标

(1) 践行社会主义核心价值观,树立正确的人生观、价值观和择业观。
(2) 树立团队精神,能够胜任数字化物流客户管理工作。
(3) 树立数字意识和数字思维,提升数字治理能力。

◆ 知识目标

(1) 了解客户关系管理的产生与发展。
(2) 掌握数字化客户运营的内容。
(3) 熟悉客户关系管理系统的应用。

◆ 技能目标

(1) 能利用数字化思维优化客户管理系统。
(2) 能利用数字化资源选择合适的客户关系管理系统供应商和产品。
(3) 能借助数字化治理提升客户关系管理效率。

 思维导图

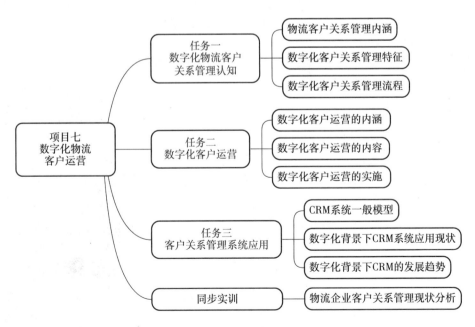

学习导入

数字化客户关系管理转型是物流业高质量发展的必由之路

相关资料显示，我国物流行业规模正以每年20%左右的速度增长。当前行业背景下，市场规模呈现快速扩张势头，国内众多物流企业发展总体向好。

近年来，我国物流行业快速发展，以人为中心的思想受到越来越多企业的关注，市场开始由以"物品"为导向转变为以"用户"为导向，各大物流企业通过为客户提供个性化定制服务等方式，提升客户满意度，逐渐形成了以客户关系提升为中心的核心竞争力。因此，如何在客户关系管理上提升效率，提高客户满意度和价值，成为第三方物流企业面临的重要问题。

在这种形势下，客户关系管理（Customer Relationship Management，CRM）的策略应势而出，成为我国物流企业间相互竞争和发展的新形式。

（资料来源：付强，《我国物流企业客户关系管理提升策略研究——以德邦物流为例》，载于《商展经济》2022年第13期。）

思考：我国物流业如何才能通过数字化客户关系管理转型实现高质量发展？

任务一　数字化物流客户关系管理认知

 任务描述

王先生是一家电子产品销售公司的经理,随着公司业务的发展,老客户越来越多,公司知名度也越来越高,甚至经常有新客户慕名打电话来咨询业务。但一年辛苦下来,王先生本以为利润不错,可根据公司财务经理给出的年终核算报告,利润居然比以前还少!经分析,王先生发现了问题所在:原来虽然不断有新的客户出现,但是他们带来的销售额却不大,而这些客户带来的销售和服务工作量却不小,甚至部分新客户还严重拖欠款项;同时,一些对利润率贡献比较大的老客户,公司因在忙乱中无暇顾及,已经悄悄流失。

 任务要求

(1) 学习物流数字化客户关系管理及其内涵,了解物流客户关系管理现状。
(2) 了解数字化客户关系管理的特征,分析其对物流企业的重要性。
(3) 掌握数字化客户关系管理的流程,能胜任客户关系管理工作。

 一、物流客户关系管理内涵

(一) 客户关系管理产生与发展

最早发展客户关系管理的国家是美国,20世纪80年代初美国便有所谓的"接触管理"(Contact Management)的概念,即专门收集客户与公司联系的所有信息。1985年,巴巴拉·本德·杰克逊提出了关系营销的概念,使人们对市场营销理论的研究又迈上了一个新的台阶。但随着环境的改变,很多企业已经不满足于这种状况,开始研发销售自动化系统,后又着手发展客户服务系统。20世纪90年代初出现了具备电话服务中心与支援资料分析功能的客户服务系统(Customer Service System,CSS)、销售能力自动化(SFA)系统。历经30余年的验证研究,客户关系管理理论不断演变、发展并趋向于成熟，最终形成了一套较为完整的管理理论体系。结合新经济的需求和新技术的发展，从20世纪90年代末开始，CRM在企业的应用一直处于爆发性增长的状态。

CRM在各行各业中的应用覆盖面将会越来越大。CRM应用将呈现出以下特点：① 客户密集型的企业将首先广泛应用CRM；② 实行差异化战略的企业将更容易应用好CRM；③ 中端企业将会成为应用CRM的主流；④ 企业将广泛应用"分析型CRM"来支撑"运营型CRM"。

总而言之，无论是从发展方向、技术角度，还是从文化层面而言，CRM都将呈现出新的特点，具有更广阔的发展前景。可以预见，数字化客户关系管理转型是物流业高质量发展的必由之路。

（二）物流企业实施客户关系管理的意义

数字经济助力物流企业开拓了发展新形式，催生出新的商业与服务模式，也为物流企业提供了技术保障。随着数字化技术的蓬勃发展和广泛应用，物流企业的经营活动面临着新的机遇与挑战。在"互联网＋"的时代背景下，以往的传统经营管理模式已经不再适应大环境的变化，新形势下的企业急需建立以客户为中心、实现客户价值和达到企业目标双赢的管理模式。

2023年2月，中共中央、国务院印发了《数字中国建设整体布局规划》，将建设数字中国作为数字时代推进中国式现代化的重要引擎，数字中国建设体系化布局将延伸至各个领域。由此可见，推进数字化建设将对我国各行各业产生深远影响，这意味着物流企业在数字化的大背景下，将面临新的机遇与挑战。

客户关系管理（CRM）是物流企业数字化转型的重要方向之一。通过数字化技术的应用，物流企业能为客户提供更优质的服务，并且能有效提升经营效率。在这一发展过程中，物流企业实施积极有效的管理模式和维护良好的客户关系是企业数字化转型成功的关键。

1. 物流企业的特殊性

物流业是一个高度依赖技术和信息化的行业。具体来说，物流企业的特殊性主要体现在信息化运用、运作模式、信息特性、运营模式和人员特性五个方面。这些特殊性使得物流企业在满足客户需求、提升运营效率、推动供应链协同等方面具备独特的优势和价值，如表7-1所示。

表7-1　物流企业的特殊性

物流企业特殊性		特点描述
信息化运用	信息化技术	物流企业高度依赖信息化技术，包括物联网、大数据、云计算、人工智能等
	信息管理系统	采用先进的信息管理系统，如WMS（仓库管理系统）、TMS（运输管理系统）、OMS（订单管理系统）等，实现业务流程的自动化和智能化

续表

物流企业特殊性		特点描述
运作模式	数据分析与挖掘	对物流数据进行深度分析和挖掘，优化运营效率和成本控制，提升客户满意度
	个性化服务	根据客户需求提供定制化的物流解决方案，满足不同行业的特殊要求
	一体化运作	提供从采购、生产、仓储、运输到配送的全程物流服务，实现供应链的优化和协同
	跨界合作	与其他行业进行跨界合作，提供多元化、综合性的物流服务
信息特性	信息实时性	物流企业需要实时获取和处理物流信息，保证信息的准确性和及时性
	信息多样性	物流信息包括订单信息、库存信息、运输信息等多种类型，需要统一管理和整合
	信息共享与协同	物流企业需要与供应商、客户、合作伙伴等实现信息共享和协同，提高供应链的透明度和效率
运营模式	多样化服务	根据客户需求和业务特点，提供多种服务模式，如快递、零担、整车、国际物流等
	弹性运营	能够根据市场需求和业务变化，灵活调整运营策略和资源配置
	可持续发展	注重环保和可持续发展，推动绿色物流的实践和创新
人员特性	专业素质	物流企业员工需要具备物流、供应链、信息技术等专业知识，以保证服务质量和效率
	团队协作	物流企业员工需要具备良好的沟通能力和团队合作精神，确保各部门之间的顺畅运作
	安全意识	物流作业中，员工需要具备高度的安全意识，遵守安全操作规程，确保人员和货物的安全

2. CRM在物流企业中应用的意义

（1）有利于提高核心竞争力。CRM的实施使物流企业将精力从原来的内部业务增长转移到关注外部客户资源，通过CRM系统，企业可以有效地与客户沟通，确定客户的需求，并提供个性化服务。这样可以进一步维护企业的客户资源，提高企业竞争力。例如，人工智能衍生出的电子客服会越来越拟人化、智能化，能有效解答客户咨询的基础业务，缩减业务流程，减少企业的人工成本和处理时间，从而为企业的业务转型提供发展机遇。更高效的路线规划及车辆调度等也为绿色物流带来了契机，能推动物流产业朝着绿色低碳的方向发展。

（2）有利于提高物流服务质量。通过CRM，物流企业可以提供一对多的互动服务。通过分析客户的消费频率、消费金额、对物流服务的评价等指标来确定客户的忠诚度，从而为高价值客户提供高品质的服务。现在的客户需要的不仅仅是单独的产品，更需要一种特别的对待和服务，企业如果可以提供超乎客户期望值的产品和服务，就有可能实现客户的长期价值。企业可以具体分析每个客户的情况，详细分析其变化趋势，并及时找出自身与其他企业的差距，并做出相应的调整，从而提高物流企业的服务质量。

【实践前沿7-1】
UPS的客户关系管理

（三）数字化客户关系管理的含义

数字化转型是指企业利用数字化技术和解决方案来改变其业务模式和企业文化，以提高效率、增强客户体验和创造新的增长机会的过程。在数字化转型的背景下，CRM的含义拓展为以下几个方面：

（1）数据驱动的客户洞察。CRM通过收集和分析客户数据，帮助企业更好地理解客户需求、行为和偏好。这些洞察可以用来制定个性化的营销策略和提供定制化的服务。

（2）全渠道客户体验。随着客户通过多个渠道与企业互动，CRM需要整合线上线下渠道，确保无缝、一致的客户体验。

（3）自动化和效率提升。数字化转型下的CRM通过自动化销售、市场营销和客户服务流程，提高工作效率，减少人为错误，加快响应速度。

（4）客户关系维护与拓展。CRM不仅帮助企业维护现有客户关系，还能通过数据分析发现潜在客户，实现客户基础的拓展。

（5）支持决策制定。CRM提供的数据和分析工具可以帮助企业管理层做出更加明智的商业决策，如市场定位、产品开发和资源分配等。

（6）合规性和安全性。在数字化转型过程中，数据安全和隐私保护变得越来越重要。CRM系统需要确保所有客户数据的合规处理和安全存储。

总而言之，数字化转型背景下，CRM系统不仅是企业与客户沟通的桥梁，更是企业提升竞争力、实现可持续发展的关键工具。通过有效地利用CRM系统，企业可以更好地理解和服务客户，从而在激烈的市场竞争中脱颖而出。

二、数字化客户关系管理特征

企业广泛应用的数字化客户关系管理应具备以下核心特征：

（一）数据驱动的个性化体验

数字化CRM通过集成和分析客户数据，实现对每个客户行为和偏好的深入了解。这些数据不仅包括基本的联系信息，还涵盖了客户的购买历史、互动记录和在线行为等。利用这些信息，企业能够提供高度个性化的服务和产品推荐，从而提升客户满意度和忠诚度。此外，数字化CRM系统还能够基于数据分析结果，预测客户未来的需求和行为，帮助企业制定更为精准的市场策略。

（二）全渠道一体化管理

随着客户接触点的多样化，数字化CRM能够整合线上线下多个渠道，实现全渠道的一体化管理。这意味着无论客户是通过社交媒体、电子邮件、手机应用还是实体店铺与企业互动，企业都能够在一个统一的平台上管理所有客户的信息和互动历史。这种全渠道的视角使得企业能够提供无缝衔接的客户体验，确保客户在任何接触点都能获得一致和高质量的服务。

（三）智能化和自动化流程

数字化CRM利用人工智能和机器学习技术，实现了业务流程的智能化和自动化。例如，系统可以自动分配销售线索、跟踪订单状态、发送营销邮件和生成报告等。这种自动化不仅提高了工作效率，还减少了人为错误，确保了业务流程的高效运转。同时，智能化的功能如聊天机器人和自助服务平台，也使得客户能够快速获得问题解答和支持，提升了服务响应速度和质量。

【实践前沿7-2】
TikTok跨境电商物流用户画像

这些特征共同构成了数字化客户关系管理系统的核心优势，帮助企业在数字时代更好地管理客户关系，提升业务绩效和客户满意度。

三、数字化客户关系管理流程

物流企业数字化客户关系管理流程如表7-2所示。

表7-2　物流企业数字化客户关系管理流程

流程步骤	流程内容
1.分析环境	分析企业、竞争者、客户； 分析企业信息技术解决方案； 分析竞争者数字化转型情况； 分析客户满意度、客户忠诚度
2.构建框架	客户关系管理理念与方向选择； 划分与相关者如协会、联盟、客户的关系
3.制定策略	客户分析工具应用； 客户关系管理策略模式选择； 客户关系管理策略体系构建
4.设计方案	企业流程与客户服务平台重新组合； 分析客户服务流程； 设计客户接触渠道的最优方案

续表

流程步骤	流程内容
5.建立系统	确定所需的信息技术工具； 以数字化技术来构建客户关系管理系统； 将数字化技术运用于客户服务平台、电子商务等
6.运用信息	应用客户分析工具绘制客户画像； 调研企业客户族群； 定制化数据挖掘； 业务创新开发、促销、加强客户服务反馈
7.应用知识	建立客户关系管理合作框架； 运用客户关系管理理论知识； 进行人力资源管理（绩效评价、目标管理、教育评估等）

任务实施

「步骤1」自由组合，2~3人一组，注意成员间的分工合作。

「步骤2」利用各类互联网数据平台收集客户反馈，并对问题进行归类整理。

「步骤3」分析问题的原因和影响因素，确定关键环节。

「步骤4」评估现有物流客户服务体系的优缺点，找出改进空间。

「步骤5」针对各类问题（至少3个问题），提出解决方案和改进措施。

任务评价

教师对各组进行综合评价，参见表7-3。

表7-3 物流客户服务优化方案评价表

序号	评价内容	分值	得分	自我评价
1	系统分析客户服务存在的问题	20		
2	问题原因挖掘透彻	30		
3	优化方案设计合理	30		
4	团队分工明确、有效合作	20		
	合计	100		

任务二　数字化客户运营

任务描述

一家传统的零售企业正面临市场竞争力下降的问题，企业决定通过数字化转型来提升客户体验和运营效率。企业已经收集了大量的客户数据，包括购买历史、在线行为、客户反馈等。请问企业应该如何利用这些数据进行客户行为分析？

任务要求

（1）数据整合与分析：分析客户数据，识别关键的客户细分群体及其特征。
（2）个性化营销策略设计：基于客户细分结果，设计一套个性化的营销策略。
（3）客户体验优化：提出改进客户体验的具体措施，包括线上线下的整合方案。
（4）数字化工具应用：选择合适的数字化工具或平台，以支持上述策略的实施。
（5）绩效评估：设计一套绩效评估体系，以监控数字化转型的效果。

知识准备

一、数字化客户运营的内涵

（一）数字化客户运营的基本概念

数字化客户运营是以客户需求为核心，借助先进的技术手段，实现对企业与客户关系的深度挖掘和优化，其中包括对客户信息进行全面、精准的收集、分析和应用，以优化和提升企业与客户的互动关系，进而实现客户价值最大化。与传统客户运营模式相比，数字化客户运营具有以下特点：

（1）数据驱动。数字化客户运营注重客户数据的收集、分析和挖掘，通过全面收集和分析客户数据，企业能够深入了解客户需求和行为，从而制定出更加精准和有效的客户运营策略。

（2）个性化服务。通过客户数据分析，了解客户需

【实践前沿7-3】
亚马逊的个性化推荐系统

求，提供个性化的产品和服务，提高客户满意度。

（3）实时互动。借助数字化渠道，实现与客户的实时沟通和互动，快速响应客户需求，提升客户体验。

（二）数字化在客户运营中的作用

1. 提高客户满意度

数字化技术可以帮助企业更好地了解客户需求，通过数据分析实现个性化服务。例如，企业可以利用大数据和人工智能技术，对客户的行为、兴趣进行深入挖掘，从而为客户提供更精准的产品推荐和定制化服务。此外，数字化渠道如在线客服、社交媒体等也为客户提供了更加便捷的沟通方式，提高了客户的满意度和忠诚度。

2. 降低运营成本

数字化经营可以降低企业在客户服务、营销等方面的成本。通过自动化和智能化的手段，企业可以实现更高效的服务交付。数字化经营更具成本效益，能够在更小的预算下获得更广泛的影响。例如，智能客服机器人可以24小时不间断地为客户提供服务，减轻了人工客服的工作负担；数字化经营手段如电子邮件营销、社交媒体广告等也具有低成本、高效率的特点。

3. 优化供应链

数字化技术可以实现对供应链各个环节的实时监控和优化。通过对供应链数据的收集和分析，企业可以预测市场需求、调整库存水平、优化物流路线等，从而提高供应链的响应速度和灵活性。这不仅有助于企业更好地满足客户需求，还能降低库存成本和运输成本。

二、数字化客户运营的内容

（一）精准把握客户需求

1. 收集客户信息

物流企业数字化客户运营的核心在于收集并分析客户信息。这些信息包括客户的基本资料、交易记录、沟通历史等。通过整合这些数据，企业能够形成一个全面的客户画像，为后续的需求分析和分类提供基础。

2. 客户需求分析

在收集到客户信息后，企业需要借助一定的方法（见表7-4）进行深入分析，包括识别客户的购买偏好、服务期望等，以识别不同客户的独特需求。通过分析这些需求，企业可以为客户制定个性化的服务方案。

表7-4 客户需求分析方法

序号	方法	描述	优点	缺点	适用场景
1	调查问卷	通过设计问卷收集客户意见和需求	成本低，覆盖广	响应率低，可能不全面	初步了解客户需求
2	深度访谈	与个别客户进行深入交流	信息详细，深入理解	成本高，耗时	深入研究特定客户群体
3	焦点小组	组织一组客户进行讨论	集体智慧，多角度	可能存在群体压力	探索性研究，新产品概念测试
4	观察法	直接观察客户使用产品或服务	真实行为数据	难以大规模实施	用户体验研究
5	数据分析	分析客户交易数据和社交媒体数据	客观数据支撑	需要专业技能	客户行为分析，市场趋势预测
6	用户画像	创建代表典型客户的虚拟人物	易于理解和传达	简化复杂情况	产品设计，市场营销策略制定
7	竞品分析	分析竞争对手的产品或服务效果	了解市场格局	信息可能不全面	市场定位，差异化策略制定
8	A/B测试	比较不同版本的产品或服务效果	实证结果	实施复杂	产品优化，营销策略调整
9	场景模拟	构建不同的使用场景进行模拟	预见潜在问题	假设性强	新产品开发，服务设计
10	反馈循环	持续收集和分析客户反馈	持续改进	需要长期投入	产品迭代，服务质量提升

3. 客户分类

根据客户需求和特征，企业可以将客户分为不同的类型。例如，按照客户价值，可将客户分为高价值客户、中价值客户和低价值客户；按照行业特点，可将客户分为工业客户、商业客户等。这种分类有助于企业针对不同客户群体制定差异化的营销策略和服务方案。

（二）精准制定营销策略

数字化客户运营为企业提供深入了解客户行为和需求的数据。而精准营销则基于这些客户数据，通过有针对性的策略和技术手段，实现营销活动的精准定位和高效执行。两者结合能够帮助企业提高营销效率、降低成本，同时提升客户满意度和忠诚度。

1. 确定目标客户

通过数字化客户运营，企业可以精准地确定目标客户群体。这有助于企业集中资源，针对最有潜力的客户进行营销和推广。

2. 产品定价策略

根据客户的需求和购买力，企业可以制定合理的产品定价策略。对于高价值客户，企业可以提供更高质量的产品和服务，并适当提高价格；对于低价值客户，企业可以提供性价比更高的产品和服务。

3. 渠道选择

数字化客户运营还可以帮助企业选择适合的营销渠道。通过分析客户的购买行为和沟通习惯，企业可以确定哪些渠道对于目标客户最为有效，从而制定更有针对性的营销策略。

（三）精准优化个性化服务

随着市场竞争的加剧和客户需求的多样化，个性化服务早已成为企业赢得客户青睐、保持市场竞争优势的核心所在。

1. 数据驱动的个性化服务

数字化客户运营利用数据分析技术，为企业提供个性化的服务建议。例如，根据客户的购买历史和浏览记录，企业可以预测客户的未来需求，并提前准备相应的产品和服务。

2. 客户体验优化

通过不断优化服务流程、提高响应速度、加强与客户的沟通等，企业可以提升客户体验。数字化客户运营可以帮助企业实时监控客户满意度，并针对存在的问题进行改进。

（四）精准锁定客户需求并及时响应

在客户关系维护与深化方面，实时了解客户需求和反馈并进行闭环管理，有助于增强客户黏性，提高客户忠诚度，进而为企业创造更多价值。

1. 与客户的实时沟通

数字化客户运营提供了多种与客户沟通的渠道，如在线聊天、邮件、电话等。通过这些渠道，企业可以实时了解客户的需求和反馈，并及时做出响应。

2. 反馈闭环管理

客户的反馈是企业改进服务和提升竞争力的宝贵资源。数字化客户运营可以帮助企业建立反馈闭环管理机制，确保客户的意见和建议得到及时收集、分析和处理。

三、数字化客户运营的实施

数字化客户运营的实施是一个系统而复杂的过程，涉及多个步骤和要点。

（一）数字化客户运营实施步骤

（1）确立数字化战略愿景。启动数字化客户运营征程之前，企业需清晰界定自身的数字化战略愿景，涵盖效率提升、成本优化以及客户体验升级等多重维度。明确的愿景将成为企业制定数字化客户运营蓝图与策略的核心指引。

（2）建立数字化基础设施。包括建立云计算平台、数据中心、网络基础设施等，为数字化客户运营提供必要的硬件和软件支持。

（3）构建数字化渠道闭环。从用户获取、留存、到转化、复用等一系列环节形成闭环，形成可量化和可持续优化的体系。

（4）制订数字化营销计划。包括目标市场分析、营销策略制定、预算编制、计划执行和评估等，确保数字化营销活动的有序进行。

（5）实施数字化营销活动。利用搜索引擎优化、社交媒体营销、电子邮件营销等手段，提高品牌知名度，吸引并留住客户。

（二）数字化客户运营实施要点

（1）客户至上。始终将客户需求与体验置于首位，持续优化产品与服务，提升客户满意度与忠诚度，实现客户价值的最大化。

（2）数据赋能。深度挖掘并分析客户数据，洞察客户需求与行为模式，为决策制定提供精准数据支持，推动业务决策的科学化、精准化。

（3）创新引领。积极探索并应用前沿数字化技术与方法，持续迭代优化数字化经营策略，以应对市场环境的快速变化与挑战。

（4）团队协作与沟通强化。加强企业内部各部门之间的沟通与协作，确保数字化经营战略得以高效实施与落地。

任务实施

「步骤1」任选一家物流企业，分析企业客户管理面临的挑战和机遇。

「步骤2」设立客户服务优化小组，明确各成员职责和分工。

「步骤3」结合数字化手段提交一份客户服务优化方案报告，包括数据整合与分析、个性化策略制定、数字化工具应用等内容。

任务评价

教师对各组进行综合评价，参见表7-5。

表7-5　数字化客户运营分析评价表

序号	评价内容	分值	得分	自我评价
1	企业选取有一定的代表性	10		
2	客户管理问题分析详实	30		
3	解决措施具有针对性	20		

续表

序号	评价内容	分值	得分	自我评价
4	数字化手段和工具应用充分	20		
5	团队分工明确、有效合作	20		
	合计	100		

任务三　客户关系管理系统应用

任务描述

小王是一家电子商务公司的 CRM 专员，公司最近引入了新的 CRM 系统，目的是更好地管理客户信息、优化客户体验以及提升销售业绩。小王需要根据公司现状，设计一套客户分类策略，以便对不同类型的客户采取不同的服务策略。公司的现状和目标为：①公司目前拥有数千名活跃客户，但客户信息分散在各个部门，缺乏统一的管理；②公司希望通过 CRM 系统实现客户信息的整合与标准化，以便更好地分析客户行为和需求；③销售目标是提高客户满意度，同时提高复购率和客户推荐率。假设你是小王，你会如何完成该任务？

任务要求

（1）制定解决该客户业务痛点的优化方案，包括问题分析、优化方案设计、实施策略制定等内容。

（2）以小组形式完成该任务，注意成员间的分工合作。

一、CRM 系统一般模型

（一）CRM 系统基本架构

CRM 系统的基本架构通常由多个层次和模块组成，这些层次和模块共同协作，以实现有效的客户关系管理。一个完整有效的CRM系统通常由以下4个层面组成：

1. 前端用户界面层

前端用户界面层是用户与CRM系统进行交互的界面，主要包括网站界面、移动终端界面等。前端用户界面层通常由企业根据用户的个性化需求定制，以提供直观、便捷的信息展示和交互方式，从而增强用户体验。

在CRM系统中，前端用户界面层是用户与系统进行交互的主要接口，涵盖了从客户需求收集到售后服务全流程的客户关系管理。通过这一层，企业能够实现对客户信息的有效管理、销售机会的及时捕捉、客户服务的持续改进以及客户满意度的持续提升。因此，CRM系统前端用户界面层业务操作的主要内容包括营销自动化、销售自动化和客户服务与支持。

2. 应用层

应用层是CRM系统的核心部分，包含多个功能模块，如客户管理、销售管理、市场营销、服务管理、报表分析等。这些模块通过互联网技术、Web技术、SOA（面向服务的架构）等实现与用户界面层的交互，为企业的业务流程提供标准化功能和服务。

3. 数据层

数据层是CRM系统的基础，负责存储和管理所有与客户关系相关的数据，如客户信息、交易记录等。数据层负责对这些数据进行分类、整合和清理，确保数据的准确性和完整性。同时，数据层还提供了方便快捷的数据查找和共享功能，使得企业能够充分利用这些数据来优化客户关系管理。

4. 技术层

技术层包含支持性组件，如数据库管理系统（DBMS）、网络通信协议、中间件等。这些组件共同构成了CRM系统的技术架构，为系统的稳定运行和高效处理提供了保障。

CRM系统的基本架构是一个层次化、模块化的结构，通过各个层次和模块的协同工作，实现了对客户关系的全面管理和优化。这种架构使得企业能够更好地理解客户需求、提升客户满意度和忠诚度，从而实现业务增长，赢得竞争优势。

（二）物流企业CRM系统的基本架构

物流企业CRM系统可分为用户界面层、管理功能层和技术支持层，系统基本架构如图7-1所示。

1. 用户界面层

用户界面层是指客户与企业接触的界面，主要有Web信息门户和呼叫中心两个渠道，通过这两个渠道实现了客户接触点的完整管理以及客户信息的获取、传输、共享和应用。用户界面层负责展示数据和功能模块，为客户提供操作平台。在CRM系统的整个链条中，用户界面层位于最前端，扮演着桥梁的角色，连接着客户与系统的核心功能。

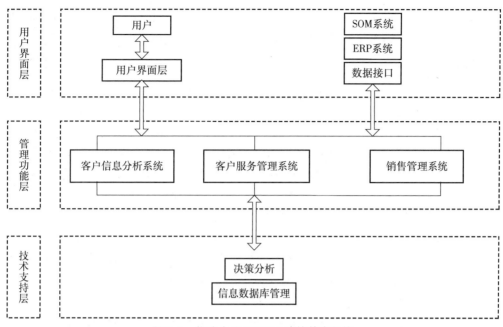

图 7-1　物流企业 CRM 系统的基本架构

Web 信息门户是物流企业 CRM 系统用户界面层的一个重要组成部分。它利用 Web 技术，为企业内部员工、合作伙伴及最终客户提供了多个服务和信息资源的单一入口。通过将分散于各个系统模块的信息有组织地、个性化地集中到一个用户 Web 窗口，Web 信息门户实现了系统用户界面层的整合，从而加快了信息的传递。此外，Web 信息门户还可以与企业内部的其他系统进行集成，如 ERP 系统、WMS 等，实现数据的共享和协同工作。这有助于提升企业的整体运营效率，降低运营成本。呼叫中心则通过电话、邮件、传真、E-mail 等渠道，实现了与客户的实时交流，为客户提供人性化的服务，客户可以选择自己喜欢的沟通方式，这有助于优化客户服务体验，提升客户满意度。

2. 管理功能层

管理功能层主要包括客户信息分析系统、客户服务管理系统、销售管理系统三大模块，并以过程管理模块作为技术支持平台，实现了物流活动的优化和自动化。

客户信息分析系统通过对客户和市场信息的全面分析以及对物流市场的细分，为高质量的市场营销活动提供支持。对客户信息的分析还能得到客户信用度、客户价值等重要的客户信息，从而实现企业资源的合理分配。此外，引入"一对一市场营销"理念，可为不同客户提供个性化和专业化的服务，提高客户满意度。

客户服务管理系统作为管理功能层的重要组成部分也为企业提供了多种选择。例如，针对不同类型的客户、同一个客户在不同的地点，可采取不同的服务模式。再如，对于一些不可抗力因素导致的货物不能及时送达目的地，企业会提前告诉客户做好心理准备，以便客户事先做好安排，这体现了企业对客户的关怀。

销售管理系统是各种销售渠道和销售环节的有机组合，它可以帮助企业达到提升销售水平和实现销售自动化的目的。随着销售自动化的逐步实现，销售人员将有更多的时间与客户进行面对面的销售活动。同时，它通过为企业提供最新的信息，使销售人员能更高效地与客户进行交流，从而提高销售成功率。

3. 技术支持层

技术支持层是一个综合性的技术架构，它为 CRM 系统的稳定运行和高效服务提供了坚实的基础。作为整个 CRM 系统运行的基础，技术支持层包括数据库技术、云计算技术、集成技术、大数据技术和安全技术等多种技术。这些技术的综合运用保障了 CRM 系统提供稳定高效的服务，为企业提供了强大的客户关系管理支持。

CRM 系统需要强大的数据库技术来存储和管理大量的客户信息、订单数据、交易记录等。数据库技术不仅确保了数据的完整性和安全性，还提供了高效的数据检索和处理能力，以满足企业对客户信息的快速查询和分析需求。

云计算技术的运用使得 CRM 系统能够实现弹性扩展和灵活部署。通过云计算技术，企业可以根据实际需求调整系统的计算能力和存储空间，确保 CRM 系统始终保持良好的运行性能。同时，云计算技术还提供了高可用性和容灾备份的能力，保证了系统的稳定性和数据的安全性。

物流企业 CRM 系统需要与企业的其他信息系统进行集成，如 ERP 系统、WMS 等。集成技术能够确保不同系统之间的数据交换和共享，实现信息的无缝对接。这有助于企业实现业务流程的自动化和协同化，提高工作效率。

大数据技术能够对大量的客户数据进行深度挖掘和分析，帮助企业发现客户的消费习惯、需求特点等信息。通过大数据技术，企业可以制定更精准的营销策略，提高营销效果，同时也可以更好地预测市场趋势，优化运营策略。

CRM 系统在运行过程中，保障数据的安全至关重要。因此，技术支持层还需要包括各种安全技术，如数据加密、访问控制、防火墙等，以确保系统的安全性和数据的保密性。

二、数字化背景下 CRM 系统应用现状

数字化背景下 CRM 系统的应用得到了迅速的发展和推广，CRM 系统在各行各业的应用愈发广泛且深入，受到了社会的普遍关注，成为企业不可或缺的战略工具。

CRM 系统以其强大的客户信息集成与管理功能，助力销售团队精准洞察客户需求与偏好。通过个性化销售策略的制定，销售团队能够更有效地把握市场脉搏，提升销售效率与成功率。CRM 系统还能实时追踪客户互动、咨询及投诉信息，为销售团队提供宝贵的数据支持，以开展更具针对性的营销活动，从而进一步推动销售业绩的增长。此外，CRM 系统通过自动化销售流程，有效降低了人工成本，显著提升了整体销售效率。在客户服务管理方面，CRM 系统同样发挥着举足轻重的作用。它通过及时响应和处理客户的问题与投诉，显著提升客户满意度和忠诚度。企业可借助 CRM 系统对客户数据进行深入分析，为客户提供更加个性化的服务体验，从而满足其多样化、精细化的需求。这种以客户为中心的服务模式有助于企业构筑独特的竞争优势，从而在激烈的市场竞争中脱颖而出。

CRM 系统在市场营销管理方面亦展现出其独特的价值。通过对客户数据的深入挖掘与分析，CRM 系统能够协助企业制定更具针对性的市场营销策略，提高市场营销活动的精准度和有效性，进而提升投资回报率。CRM 系统还能与企业的其他管理系统进行无缝集成，确保数据的一致性和完整性，为企业的战略决策提供有力支持。

在数字时代，CRM 系统也面临着诸多挑战，如数据隐私与安全问题、人工智能与自动化技术的集成应用、多渠道的客户数据整合以及客户体验的优化等。因此，企业在实施 CRM 系统时，需充分考虑这些挑战，并采取相应的措施加以应对，以确保 CRM 系统的稳定运行和持续为企业创造价值。

三、数字化背景下 CRM 的发展趋势

随着科技的飞速发展，我们迎来了一个全面数字化的新时代。随着计算机技术、通信技术、网络技术、人工智能的进一步发展，数据成为新的"石油"，信息成为新的货币。CRM 无论从技术上还是从理念上都将伴随着这些技术高速发展。在信息时代，企业是否掌握前沿的客户关系管理理念以及能否有效地收集、分析并利用海量的客户数据，成为其能否在市场竞争中取得优势的关键。

（一）CRM 与 ERP 的集成趋势

CRM 与 ERP 在各自的发展上不断相互渗透，二者的重复部分越来越多，且呈现出集成的趋势。将二者整合起来，将大幅度增加决策的信息量，使决策更加及时准确。建立电子商务环境下企业前后端集成系统，使企业、合作伙伴及客户集成在一个电子商务平台上，增强企业与合作伙伴及客户的纽带关系及协同能力，是企业赢得竞争优势的关键因素之一。

（二）eCRM 的发展

随着互联网和电子商务的发展，eCRM 逐渐出现。eCRM 是指企业借助网络环境下信息获取和交流的便利，充分利用数据仓库和数据挖掘等先进的智能化信息处理技术，把大量客户资料加工成信息和知识，用来辅助企业的经营决策，以提高客户满意度和企业竞争力的一种过程或系统解决方案。eCRM 提供自助服务系统，降低了成本，提高了服务速度，使企业效率大幅度提升，eCRM 将是 CRM 发展的趋势。

（三）mCRM 的发展

无线互联网技术的出现与快速发展，带动了手持设备功能的日益强大，推动着电子商务的发展与变革，mCRM 得以出现与发展。无论对于企业还是企业客户来说，mCRM 都是富有吸引力的。mCRM 是 CRM 与无线通信技术相结合的产物，使 CRM 的移动得以实现，使重要信息得以及时传递，提高了工作效率并降低了成本，使企业与客户的交流更加及时与灵活。mCRM 将是未来 CRM 的发展趋势。

（四）云计算时代的CRM

不同于传统的CRM，云计算时代的CRM是一种IT服务，即SaaS（软件即服务）模式。云计算与CRM的结合消除了传统CRM欠缺灵活性、执行期冗长、缺少创新等弊端，并且大大降低了软件许可、基础设施、系统升级、顾问团队等方面的隐性成本。在SaaS模式下，软件不再是传统的软件，而是以服务的形式存在。毫无疑问，SaaS模式是大势所趋。

云计算技术为CRM提供了更加灵活、可扩展的部署方式。通过云计算平台，企业可以实现CRM系统的快速部署和升级，降低了系统的维护成本和复杂度。同时，云计算技术还能够帮助企业实现数据的共享和协同，提升企业内部协作效率。

（五）AI+CRM智能化的发展

随着人工智能技术的不断发展，其在CRM领域的应用也日益广泛。通过机器学习、自然语言处理等人工智能技术，CRM系统可以实现自动化处理客户咨询、智能推荐产品、预测客户需求等功能，从而大大提高了客户服务的效率和质量。

在当今数字化、智能化的商业环境中，CRM和AI已成为企业运营不可或缺的两大利器。CRM是一种战略性的商业过程，它利用先进的技术来管理企业与客户之间的关系，从而优化业务流程，提高客户满意度和忠诚度。而AI作为一种前沿的技术，能够通过模拟人类的智能行为来执行复杂的任务，为企业带来前所未有的效率提升和创新机会。

将CRM与AI相结合，企业不仅能够更好地理解和满足客户的需求，还能够实现客户服务的自动化和智能化，大幅提升客户服务的效率和质量。这种融合不仅有助于企业赢得市场份额，还能够提高客户的满意度和忠诚度，从而为企业创造持续的价值。

CRM既是一种管理理念，也是一种管理技术。CRM的管理思想必将被越来越多的企业重视，CRM也必将被越来越多的企业甚至政府部门应用。CRM的整合以及eCRM、mCRM、AI+CRM的发展必将成为趋势。

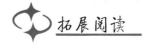

数据安全

众所周知，当前全球已逐渐进入数字时代，数据已成为企业的核心生产要素，任何数据安全事件的影响都是重大的。一旦出现数据安全事件，不仅用户的使用体验和个人隐私受到威胁，而且企业也可能面临重大损失及经营风险。数据安全防护已经成为企业关注的重要诉求之一。CRM作为企业的核心业务系统之一，其中往往内嵌了大量与业务强相关的数据信息，系统的安全性至关重要。

党的二十大报告中将强化网络、数据等安全保障体系建设列入健全国家安全体系的一部分，为树立正确的网络安全观、推动建立网络安全体系指明了方向。我们要深入贯彻落实习近平总书记重要论述和党的二十大精神，全面加强数据安全保护，筑牢数字安全屏障，为促进数字经济持续健康安全发展贡献力量。

任务实施

「步骤1」设计客户分类方案，如按照购买频率、购买金额或客户活跃度等维度进行分类。

「步骤2」提交一份详细的任务实施计划表，包括实施步骤、时间表和预期成果。

「步骤3」分析并回答以下两个问题，说明思路和策略。

（1）如何设计客户分类方案，以最大限度地发挥CRM系统的价值？

（2）如何利用CRM系统的数据分析功能，有效地发现销售机会和客户增长点？

「步骤4」提出在实施过程中可能遇到的挑战和相应的应对措施。

任务评价

教师对各组进行综合评价，参见表7-6。

表7-6　客户分类方案评价表

序号	评价内容	分值	得分	自我评价
1	客户分类方案设计合理	20		
2	任务实施计划可行	30		
3	问题分析透彻	20		
4	能分析和解决实施过程中的问题	20		
5	团队分工明确、有效合作	10		
	合计	100		

同步实训

物流企业客户关系管理现状分析

实训背景

假设你是一家大型物流企业的客户关系经理，负责管理公司的客户数据库，并通过数字化手段提升客户满意度和服务质量。

实训目的

（1）理解物流企业数字化客户关系管理的基本概念和重要性。

（2）掌握数字化工具在客户关系管理中的应用。

（3）提高学生在实际工作中运用数字化手段进行客户关系管理的能力。

实训组织

（1）准备阶段：学生分组，每组分配不同的客户数据库和相关工具。确保所有学生都能利用所需的数字化工具和资源。

（2）执行阶段：各组根据实训任务分工合作，完成数据分析、策略制定、流程优化等工作。实时记录实训过程中的发现和挑战，并准备分享给其他组。

（3）评估阶段：每组展示实训成果，包括数据分析结果、沟通策略、服务流程和忠诚度提升方案。教师和其他组员对每组的工作进行评估和提问，提出改进建议。

（4）总结阶段：讨论实训过程中遇到的问题和解决方案，总结数字化物流客户关系管理的最佳实践。教师提供反馈和总结，强调数字化工具在客户关系管理中的作用和未来趋势。

实训要求

（1）所有学生必须积极参与实训活动，确保每个环节都有实质性的贡献。

（2）实训过程中，学生需保持团队合作精神，共同解决问题。

（3）实训结束后，每组需提交一份详细的实训报告，包括实训过程、成长和反思。

（4）通过本次同步实训，学生能够深入理解数字化物流客户关系管理的实际应用，并提升在数字化环境下的客户关系管理技能。

实训评价

教师对各组进行综合评价，参见表7-7。

表7-7 物流企业客户关系管理现状分析评价表

序号	评价内容	分值	得分	自我评价
1	完成数据分析、策略制定、流程优化工作	20		
2	实时记录完整清晰	20		
3	问题和原因分析透彻、条理清晰	30		
4	成果具体可操作、具有启发性	20		
5	体现数字化管理能力和意识	10		
	合计	100		

【自测评估】

项目八　数字化物流组织与控制

任务一　数字化物流组织重构
任务二　数字化物流成本管理
任务三　数字化物流质量管理
任务四　数字化物流绩效评价
同步实训　物流企业数字化转型成效分析

学习目标

◆ 素养目标

(1) 践行社会主义核心价值观，树立正确的人生观、价值观和择业观。
(2) 具有精益求精、追求卓越的精神。
(3) 具备团队合作的能力。

◆ 知识目标

(1) 掌握数字化物流组织重构的基本概念和内涵。
(2) 了解数字化物流成本控制的关键技术。
(3) 掌握数字化物流质量管理的措施。
(4) 熟悉数字化物流绩效评价的方法。

◆ 技能目标

(1) 能够识别数字化物流组织与控制过程中遇到的问题。
(2) 能够运用数字化手段，进行物流成本控制。
(3) 能够运用信息技术进行物流实时监控。

 思维导图

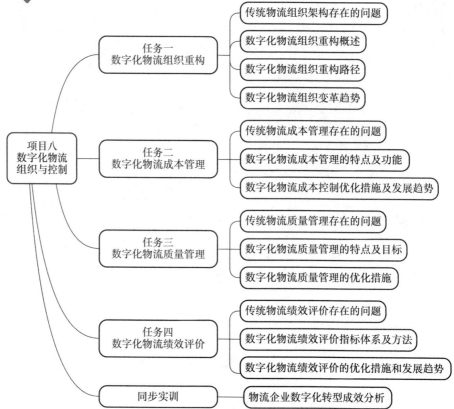

 学习导入

京东物流的数字化控制体系

京东物流是中国领先的物流企业,也是京东集团的核心业务之一。京东物流以"技术驱动,引领全球高效流通和可持续发展"为使命,致力于打造全球领先的智能供应链服务平台。

近年来,京东物流积极推进数字化转型,以大数据、人工智能、物联网等技术为支撑,构建了覆盖全供应链的数字化物流体系。

京东物流的数字化控制体系包括以下方面:

计划控制:京东物流利用大数据分析,预测市场需求,优化库存策略,提高供应链效率。

执行控制:京东物流利用物联网技术,实时监控物流全过程,确保货物安全、准时送达。

绩效控制:京东物流建立了完善的绩效考核体系,对物流各环节进行全方位监控,持续改进服务质量。

京东"亚洲一号":京东"亚洲一号"是京东物流打造的全球智能物流仓储中心,采用自动化、智能化技术,可实现24小时不间断作业。

无人仓:京东物流在全国范围内建设了多个无人仓,利用机器人、AGV等,实现货物自动存储、拣选、搬运,大幅提高了仓储效率。

智能配送:京东物流利用大数据、人工智能技术,优化配送路线,提高配送效率,缩短配送时间。

京东物流的数字化转型为传统物流行业带来了变革,提升了物流效率,降低了物流成本,为客户提供了更好的服务体验。

数字化物流是未来物流发展的趋势,将为物流行业带来更大的变革。

(资料来源:作者根据网络资料整理。)

思考:京东物流的数字化转型有哪些经验可以借鉴?数字化物流组织与控制面临的主要挑战有哪些?

任务一　数字化物流组织重构

 任务描述

刘经理负责一家电子产品生产企业的数字化转型业务，目前企业面临着物流信息化程度低、成本高、服务质量差等问题，导致客户满意度低。此外，企业还存在各部门不配合、反馈效率低、协同效率低等问题，企业希望通过数字化转型提高物流效率，降低物流成本，提升客户满意度。如果你是刘经理，你会设计什么样的组织结构来达到上述目标？

 任务要求

根据要求设计数字化物流组织重构方案，包括实施步骤、预期效益、风险评估、应对措施等。

 一、传统物流组织架构存在的问题

传统物流组织架构以职能分工为基础，按照物流活动的不同环节设置相应的部门。这种组织架构具有以下特点：分工明确，责任清晰；便于管理和控制，适用于物流业务相对简单的企业。然而，随着物流行业的快速发展，传统物流组织架构逐渐暴露了一些问题。

（一）缺乏灵活性

传统物流组织架构是按照职能分工设置的，各部门之间存在着明显的壁垒，导致信息沟通不畅、协作效率低下。在这种组织架构下，当市场环境发生变化时，企业难以快速做出反应以适应市场需求。比如，采购部门掌握的市场信息无法及时传递给运输部门，导致运输计划无法及时调整，影响运输效率。总之，传统物流组织架构缺乏灵活性，难以适应快速变化的市场需求。

（二）资源利用率低

在传统物流组织架构下，企业各部门为了自身利益，倾向于拥有独立的资源，以确保自身业务的顺利开展，导致资源重复配置，无法实现资源共享。此外，传统物流组织架构下的企业缺乏有效的协作机制，各部门之间难以进行资源共享和协同作业，无法发挥资源的规模效应。部门之间信息共享不畅，难以了解彼此的资源需求和闲置情况，造成资源闲置浪费。

（三）难以实现供应链协同

传统物流组织架构侧重于企业内部的物流管理，难以实现上下游企业之间的协同，导致供应链整体效率低下。企业之间信息共享不畅，难以了解彼此的供应链需求和库存情况，导致供应链的整体运作透明度低、协同性差。各企业之间存在利益冲突，难以达成一致的供应链目标，导致供应链协作难以实现。

（四）不利于物流信息化

传统物流组织架构缺乏信息共享的平台，难以实现物流信息化，制约了物流管理水平的提升。企业各部门之间缺乏信息共享机制，导致数据分散、重复，难以形成统一的物流信息体系。缺乏先进的物流信息技术和应用，难以实现物流信息的实时采集、处理和分析。员工缺乏物流信息化知识和技能，难以有效利用物流信息化工具。

（五）人才管理问题

在传统物流组织架构下，企业对人才的要求相对较低，主要集中在物流操作、仓储管理、运输管理等方面。这种人才需求模式难以吸引和留住高素质人才，制约了物流管理水平的提升。企业缺乏系统的物流人才培养机制，难以培养和造就高素质物流人才；缺乏有效的激励机制，难以留住高素质人才。

总而言之，传统物流组织架构难以满足现代物流发展的需求，企业需要积极调整组织架构，提高物流管理水平和供应链竞争力。

二、数字化物流组织重构概述

（一）数字化物流组织重构的概念及核心

1. 数字化物流组织重构的概念

数字化物流组织重构是指以数字化技术为支撑，对物流组织的结构、流程、人才等进行全面改造，以提升物流效率和效益的管理过程。

2. 数字化物流组织重构的核心

数字化物流组织重构的核心是以数据为驱动，通过数字化技术的应用，打破传统的物流组织模式，构建敏捷、高效、协同的数字化物流组织。

具体来说，数字化物流组织重构的核心可以概括为以下几点：

（1）数据驱动。数据是数字化物流组织重构的基础。通过采集、分析和应用物流数据，可以洞察物流运营中的规律和问题，为物流组织的决策提供依据。数据驱动可以提高物流运营的效率、降低物流成本、提高客户满意度、增强物流组织的竞争力。

（2）数字化技术应用。数字化技术是数字化物流组织重构的关键手段。大数据、人工智能、云计算、物联网、区块链等数字化技术可以应用于物流组织的各个环节，提高物流作业的自动化和智能化水平，优化物流流程，降低物流成本，提升客户服务水平。当然，数字化技术也面临着一些挑战，它可能会使企业更容易受到网络攻击，引发对个人数据隐私的担忧。总之，数字化技术的优势大于挑战，企业应充分利用数字化技术的优势。

（3）敏捷、高效、协同。数字化物流组织具备敏捷、高效、协同的特点。敏捷意味着企业能够快速响应市场需求变化；高效意味着企业能够以最少的资源完成最多的工作；协同意味着企业内部各部门之间能够有效协作。

（二）数字化物流组织重构的内容

数字化物流组织重构主要包括以下几个方面：

1. 组织架构重构

数字化物流组织重构不仅仅包含企业技术升级，更是企业组织架构重构的过程。数字化物流组织重构需要从传统的分工、职能、等级架构转变为以客户为中心、灵活的组织构架，打破传统的层级式组织架构，构建扁平化、网络化的组织架构，以提高组织的灵活性和协同性。

2. 流程重塑

数字化物流组织重构需要企业重新审视自己的业务流程，重新设计和优化业务流程，以提高效率、降低成本。同时，企业借助大数据、人工智能等数字化技术，对物流流程进行优化，提高物流作业的自动化和智能化水平，从而更好地满足客户的需求。

3. 技术平台和系统升级

数字化物流组织重构需要企业对自身的技术平台和系统进行升级和优化。企业需要选择适合自己的数字化平台和系统，包括企业资源计划（ERP）、客户关系管理（CRM）、供应链管理（SCM）、人力资源管理（HRM）等系统，以提高企业信息化水平和管理效率。

4. 数字化业务决策和创新

数字化物流组织重构需要企业将数据作为重要的资源，构建数据分析和挖掘的能力，并应用于业务决策和创新中。企业需要借助数据分析和挖掘技术，深入了解客户需求和市场变化，及时调整企业战略和业务模式，提高企业竞争力和创新能力。

5. 人才培养

企业需要为员工提供数字化技术方面的培训，鼓励员工之间的沟通和合作，打造一支适应数字时代需求的物流人才队伍，共同推动数字化物流组织重构。

总之，企业需要从组织架构、流程、技术平台和系统、业务决策和创新以及人才等多个方面进行全方位的变革和优化。企业要借助数字化技术和平台，提高企业信息化水平和管理效率，同时注重人才培养，以应对数字时代的挑战。数字化物流组织重构需要企业不断创新和优化，以提高企业竞争力和创新能力。

三、数字化物流组织重构路径

数字化物流组织重构是一个复杂的系统工程，需要物流企业从战略、技术、人才等方面进行全面的规划和部署，具体需要从以下几个方面展开：

（一）以数据为中心

数据是数字化物流的基础，数字化物流组织重构需要围绕数据进行业务流程和管理模式的变革。未来的物流组织将更加重视数据的采集、存储、分析和应用，以数据驱动物流决策和优化。

（二）以智能化为目标

数字化物流组织重构的最终目标是实现物流的智能化转型升级。未来的物流组织将更加智能化，能够利用人工智能、大数据等技术，实现物流全流程的自动化、智能化和可视化。

（三）以协同化为关键

数字化物流组织重构需要打破传统的组织壁垒，实现企业内部物流、供应链物流和客户物流的协同化。未来的物流组织将更加注重协同，通过与上下游企业的合作，实现物流资源的共享和优化。

（四）以柔性化为特征

数字化物流组织重构需要适应市场需求的变化，实现物流的柔性化。未来的物流组织将更加灵活，能够快速响应市场需求变化，提供个性化、定制化的物流服务。

（五）以绿色化为目标

数字化物流组织重构需要考虑环境保护，实现物流的绿色化。未来的物流组织将更加注重绿色发展，通过技术创新和模式创新，减少物流过程中的碳排放和污染。

四、数字化物流组织变革趋势

数字化物流组织重构后,可能呈现以下几种形式:

(一)扁平化组织

扁平化组织是一种组织结构,层级较少,信息传递速度快,决策效率高,员工之间具有更广泛的授权和协作。在数字化物流时代,扁平化组织可以有效提升物流管理效率和供应链竞争力。

1. 扁平化组织的优缺点

在扁平化组织中,通常最高层的管理者可以直接与基层员工进行沟通。组织授权范围广,组织中的员工通常拥有更大的自主权和决策权,管理者鼓励员工之间进行更广泛的沟通和协作,以提高工作效率和团队绩效。扁平化组织的优缺点如表8-1所示。

表8-1 扁平化组织的优缺点

优点	缺点
信息传递速度快	对员工素质要求高
决策效率高	管理幅度过宽
员工授权与协作范围广	控制力弱
资源利用效率高	难以适应复杂环境

2. 扁平化组织的适用范围

扁平化组织并不适用于所有组织,大型组织或复杂组织若采用扁平化架构,可能难以有效管理。扁平化组织是一种趋势,越来越多的公司开始采用这种架构,它适用于小型企业或者创新型企业。

综上,数字化物流组织重构后的扁平化组织适用于以下类型的企业:

(1)规模较小、业务相对简单的企业。
(2)业务环境相对稳定、变化不大的企业。
(3)员工素质较高、能够胜任复杂工作任务的企业。
(4)具备良好的信息化基础的企业。

3. 扁平化组织的架构

扁平化组织的架构如图8-1所示。

扁平化组织可以提高组织的效率和灵活性,帮助组织在竞争中取得优势。物流企业可以根据自身特点,选择合适的组织形式,并结合数字化技术,构建扁平化、高效、协作的物流组织。

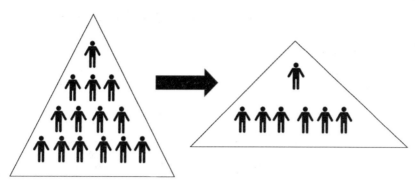

图8-1　扁平化组织的架构

（二）矩阵式组织

矩阵式组织在职能、产品或者地理等方面设立不同的部门，员工既属于职能部门，又属于产品或者地理部门。

1. 矩阵式组织的优缺点

矩阵式组织纵横交错的双重领导结构，有利于资源共享和协同作业，有利于灵活地配置资源，可以提高组织的灵活性和响应速度，提高员工的参与度和责任感。但是，矩阵式组织的双重领导可能会导致冲突，并且其管理成本也会增加。矩阵式组织也不适用于所有组织，小组织或者简单组织若采用矩阵式组织架构可能过于复杂。矩阵式组织的优缺点如表8-2所示。

表8-2　矩阵式组织的优缺点

优点	缺点
提高资源利用率	结构复杂，管理难度大
有利于跨部门合作	容易产生冲突
提高决策效率	责任不明确
有利于人才培养	员工适应难度大

2. 矩阵式组织的适用范围

矩阵式组织架构是一种较为复杂的组织结构形式，其适用范围主要包括以下几个方面：

（1）项目型组织。矩阵式组织架构非常适用于项目型组织，因为项目型组织需要将来自不同部门的人员聚集在一起，共同完成一个特定的项目。例如科研单位，尤其是应用性研究单位等。

（2）需要跨部门合作的组织。如果组织需要进行跨部门合作，那么矩阵式组织架构可以帮助打破部门壁垒，提高合作效率。例如大型企业集团、跨国公司等。

（3）快速变化的组织环境。如果组织所处的环境快速变化，那么矩阵式组织架构可以帮助组织快速适应环境的变化。例如高科技企业、互联网企业等。

3. 矩阵式组织的架构

矩阵式组织的架构如图8-2所示。

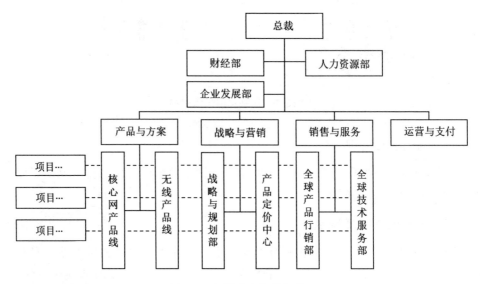

图8-2 矩阵式组织的架构

（三）网络式组织

网络式组织是一种以网络为基础的组织结构，它由多个相互连接的节点组成。这些节点可以是个人、团队、组织或其他实体。网络式组织将企业内外的人才和资源通过互联网等技术平台连接起来，形成一个虚拟的、非常灵活的组织形式，有助于实现物流资源的共享和协同。

1. 网络式组织的优缺点

网络式组织的优缺点如表8-3所示。

表8-3 网络式组织的优缺点

优点	缺点
降低成本	管理难度大
提高速度	责任不清晰
增强灵活性	缺乏控制力
提升创新能力	容易出现文化冲突

2. 网络式组织的适用范围

网络式组织架构适用于以知识为核心、创新性强的企业，有助于组织快速响应市场变化和客户需求，同时有助于降低管理成本和客户成本，还可以汇聚不同领域的知识和经验,提高创新能力。

网络式组织的适用范围主要包括以下几个方面:

(1) 快速变化的行业,例如互联网行业、高科技行业等。

(2) 跨地域合作的组织,例如跨国公司、国际组织等。

(3) 知识和信息共享的组织,例如科研机构、学术团体等。

3. 网络式组织的架构

网络式组织的架构如图8-3所示。

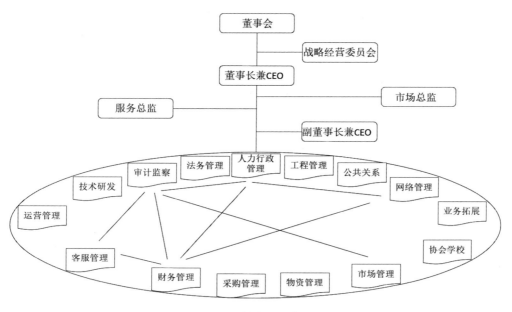

图8-3　网络式组织的架构

(四)智能型组织

智能型组织是一种新型的组织形式,它利用人工智能技术来增强组织的学习、决策和行动能力。智能型物流组织利用人工智能、大数据等技术,实现物流的自动化、智能化和可视化,利用数据来驱动决策和行动。

1. 智能型组织的优缺点

智能型组织的优缺点如表8-4所示。

表8-4　智能型组织的优缺点

优点	缺点
提高效率	技术成本高
提高效益	人才短缺
提高决策能力	伦理风险

2. 智能型组织的适用范围

智能型组织的适用范围主要包括以下几个方面：

（1）数据密集型行业。数据密集型行业是指拥有大量数据并依赖数据进行运营的行业，例如金融行业、互联网行业、零售行业等。在这些行业，人工智能技术可以用于数据分析、预测、决策等方面，帮助组织提高效率和效益。

（2）决策复杂的组织。大型企业集团、政府机构等组织需要进行复杂的决策，例如战略规划、风险管理、资源配置等。在这些组织，人工智能技术可以用于辅助决策，帮助提高决策的准确性和效率。

（3）追求效率和效益的组织。制造业、服务业等组织追求效率和效益。在这些组织，人工智能技术用于自动处理重复性工作以提高效率，并用于优化资源配置以提高效益。

3. 智能型组织的架构

智能型组织的架构如图 8-4 所示。

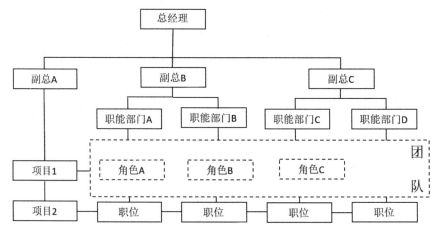

图 8-4 智能型组织的架构

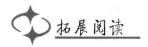

满帮集团数字化战略：打造智慧物流新生态

在当今时代，数字化和绿色化已成为推动各行业转型升级的两大核心动力。满帮集团，作为数字货运领域的佼佼者，正以其独特的视角和实践，诠释着如何让物流更智慧、更高效、更绿色。

通过运用大数据、云计算等先进技术，满帮集团成功构建了覆盖全国的运输网络，实现了车货供需的高效匹配。这种智能化的调度不仅大幅缩短了货主的发货时间，还为司机提供了更多接单机会，有效降低了空驶率和运输成本。

同时，数字化也让行业治理更加规范。满帮集团作为网络货运的试点单位，通过管理模式创新和技术手段升级，有效提升了行业的安全和合规水平。平台构建的信用体系，让守信者得到更多机会，推动了行业的健康发展。

满帮集团的实践充分证明，数字化和绿色化是推动物流行业高质量发展的有力抓手。在未来的竞争中，只有紧跟时代步伐，不断创新求变，才能在激烈的市场竞争中立于不败之地。

（资料来源：忻州网，2024-04-26）

任务实施

「步骤1」规划设计，制定数字化物流组织重构方案，明确目标、任务和实施步骤。

「步骤2」系统建设，建立物流信息系统，应用大数据技术发展智能物流。

「步骤3」人员培训，对员工进行数字化物流知识和技能培训，提升员工素质。

「步骤4」对数字化物流组织重构方案进行风险评估。

「步骤5」提出应对措施。

任务评价

教师对各组进行综合评价，参见表8-5。

表8-5 数字化物流组织重构分析评价表

序号	评价内容	分值	得分	自我评价
1	实施步骤思路清晰	30		
2	预期效益明确	20		
3	风险评估方法合适	20		
4	应对措施可行	20		
5	团队分工明确、有效合作	10		
	合计	100		

任务二　数字化物流成本管理

任务描述

联想是全球领先的个人电脑制造商，拥有遍布全球的供应链和物流网络。为了降低物流成本，提高供应链效率，联想积极实施数字化物流成本管理。其主要做法包括：① 应用运输管理系统（TMS），优化运输路线和模式，降低运输成本；② 应用仓库管理系统（WMS），完善车队管理，提高车队作业效率；③ 建立供应链可视化平台，实时监控供应链各个部分的运行情况，及时发现并解决问题；④ 开展物流大数据分析，利用大数据分析技术分析物流数据，识别成本节约机会，优化物流决策。通过以上措施，联想的物流成本显著降低，供应链效率显著提升，库存周转率也得到明显提高。物流风险明显降低，准时交货率超过98%。

假设你是一家公司的运营总监，你觉得未来数字化物流成本管理将如何发展？

任务要求

提出未来数字化物流成本管理的发展趋势。

 一、传统物流成本管理存在的问题

物流成本是指物流活动中发生的各种费用，是企业生产经营成本的重要组成部分。降低物流成本，可以提高企业的利润水平和竞争力。当前物流成本管理存在很多迫切需要解决的问题。

（一）以事后成本控制方式为主

传统的物流成本管理以事后成本控制方式为主，即在物流活动结束后，对实际发生的物流成本进行核算和分析，以发现成本超支问题并采取措施加以改进。这种方式的成本核算往往滞后于物流活动，难以及时发现和解决成本问题。

（二）物流成本意识薄弱

企业缺乏物流成本意识，对物流成本管理的认识不足，导致成本管理不到位。例如，一些企业认为物流只是简单的运输和仓储，没有将其视为战略性活动，因此没有投入足够的资源和精力进行物流成本管理。

（三）物流成本核算不规范

企业的物流成本核算体系不健全，成本核算方法不规范，导致物流成本难以准确计算。例如，一些企业没有建立完整的物流成本核算体系，无法将物流成本细化到各个环节，也无法准确地计算物流成本的实际水平。

（四）物流成本管理粗放

企业的物流成本管理粗放，缺乏有效的成本控制手段和措施，导致物流成本居高不下。例如，一些企业没有制定科学的成本控制目标，也没有建立有效的成本考核机制，导致成本控制缺乏约束力。

（五）物流信息化程度低

企业的物流信息化程度低，缺乏有效的物流信息系统，导致物流成本管理缺乏数据支撑。例如，一些企业没有建立物流信息管理系统，无法实时跟踪物流作业情况，也无法对物流成本进行有效分析。

二、数字化物流成本管理的特点及功能

（一）数字化物流成本管理的特点

数字化物流成本管理是指利用数字化技术对物流成本进行全过程、全要素的管理，以降低物流成本、提高物流效率。其具体特点如下。

1. 数据驱动

数字化物流成本管理以数据为基础，利用大数据、人工智能等技术对物流全过程的数据进行采集、分析和应用，为物流成本管理提供决策支持。数据驱动可以提高成本管理的透明度、准确性以及效率，优化物流资源配置，提升决策能力。

总之，数据驱动物流成本管理是物流行业发展的必然趋势。随着数字化技术的不断发展，数据驱动物流成本管理将更加智能化、精细化，为企业降本增效提供有力支撑。

2. 全过程管理

数字化物流成本管理涵盖物流全过程，包括采购、运输、仓储、配送等各个环节，实现物流成本的全程管控。全过程管理有助于企业选择合理的物流方案，包括挑选价格合理、质量可靠的物流服务商，以及确定合适的运输方式等。

3. 全要素管理

数字化物流成本管理不仅关注物流成本中的直接成本，还关注物流成本中的间接成本，如库存成本、资金成本、机会成本等，以实现物流成本的全要素管理。

全要素管理是现代物流管理的重要方法，可以帮助企业降低物流成本、提高物流效率。企业应根据自身的实际情况，优化物流设施配置、提升物流人员素质、加强物流信息管理、积极应用物流技术，以实现物流成本的有效控制。

4. 智能化

智能化是指利用人工智能、大数据、物联网等技术，对物流系统进行智能化改造，以提高物流效率、降低物流成本。数字化物流成本管理利用人工智能等技术，实现物流成本的智能化预测、分析和优化。

智能化可以应用于数字化物流成本管理的各个环节，如表8-6所示。

表8-6 数字化物流成本管理智能化

环节	作用
运输	通过智能化技术，可以优化运输路线、选择合适的运输方式，降低运输成本
仓储	通过智能化技术，可以优化仓储布局、提高仓储效率，降低仓储成本
配送	通过智能化技术，优化配送路线、提高配送效率，降低配送成本
装卸搬运	通过智能化技术，实现自动化装卸搬运作业，降低装卸搬运成本
信息处理	通过智能化技术，实现自动化信息处理作业，降低信息处理成本

（二）数字化物流成本管理的功能

1. 物流数据采集与分析

物流数据采集与分析是指采集物流全过程的数据并进行分析，为物流成本管理提供数据支撑，可以帮助企业降低物流成本、提高物流效率、提升物流服务水平。企业需要积极探索物流数据采集与分析的应用模式，以实现物流的智能化转型升级。

2. 物流成本预测

物流成本预测是指利用各种方法和模型对未来的物流成本进行预测，为物流决策提供参考。它可以帮助企业提前预估物流成本，制定合理的物流规划，控制物流成本，提高物流效率。

3. 物流成本优化

利用物流信息化平台对物流环节进行优化，降低物流成本。企业在实施物流成本优化措施时，应注意以下问题：① 结合企业自身情况和发展战略，明确物流成本优化目标，并制定详细的实施方案；② 建立完善的数据采集和存储体系，确保数据质量；③ 选择合适的数字化技术，构建强大的技术平台，实现物流全过程的数字化管理；④ 加强数字化人才的培养和引进；⑤ 优化物流业务流程，提高物流效率。

三、数字化物流成本控制优化措施及发展趋势

（一）数字化物流成本控制优化措施

1. 建立事前控制、事中监控、事后分析为一体的物流成本管理体系

为了克服传统物流成本管理模式的弊端，企业需要建立事前控制、事中监控、事后分析为一体的物流成本管理体系（见图8-5），并充分利用信息化技术手段，加强事前成本控制、事中成本监控、事后成本分析，提高物流成本管理的水平。

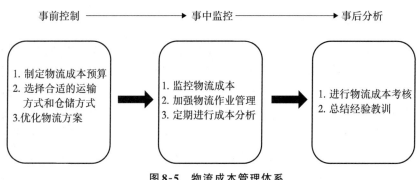

图 8-5 物流成本管理体系

2. 建立物流成本数据采集系统

利用物联网、大数据等技术，建立物流成本数据采集系统，采集物流全过程的数据，包括运输成本、仓储成本、包装成本、人工成本等，并进行分析，找出物流成本浪费的根源，为物流企业降本增效提供决策支持。

3. 构建物流规划优化模型

建立物流规划优化系统，构建物流规划优化模型，包括运输规划模型、仓储规划模型、库存规划模型、配送规划模型等，优化运输路线、仓储布局、库存策略以及配送路线，提高物流效率，降低物流成本。

4. 建立物流信息共享和协同平台

利用互联网、云计算等技术，建立物流信息共享和协同平台。建立上下游企业之间的物流成本协同机制，开展物流成本共享，建立物流成本联盟。平台可以实现物流信息共享、物流资源共享、物流协同作业等功能，帮助物流企业减少物流资源浪费、降低物流成本。

（二）数字化物流成本管理的发展趋势

随着数字化技术的不断发展，数字化物流成本管理也将不断发展和完善，主要趋势包括以下方面：

1. 数据采集更加全面、实时

随着物联网技术的广泛应用，物流全过程的数据采集将更加全面、实时，为物流成本管理提供更加准确、可靠的数据支撑。例如，通过在车辆、仓库、货物等环节部署传感器，可以实时采集物流数据，并进行分析和处理，为物流成本管理提供实时的数据支持。

2. 人工智能技术应用更加深入

人工智能技术将在物流成本预测、优化、控制等方面得到更加深入的应用，使物流成本管理更加智能化、精细化。例如，人工智能可以用于预测物流成本、优化运输路线、制定成本控制策略等，帮助企业降低物流成本。

3. 物流成本管理更加协同

随着供应链协同的不断发展，物流成本管理也将更加协同，实现供应链整体成本的优化。例如，企业可以与上下游企业共享物流数据，共同进行物流成本管理，实现供应链整体成本的优化。

数字化物流成本管理是物流行业发展的重要趋势，是物流企业降本增效的重要手段。企业可以通过实施数字化物流成本管理，提高物流成本管理的透明度和效率，降低物流成本，提升竞争力。

【实践前沿8-1】
数字化物流成本管理的应用

任务实施

列举出未来数字化物流成本管理的几个发展趋势，并做出分析。

任务评价

教师对各组进行综合评价，参见表8-7。

表8-7 数字化物流成本管理分析评价表

序号	评价内容	分值	得分	自我评价
1	能列举出未来数字化物流成本管理的几个发展趋势	30		
2	对每一个发展趋势能进行分析	30		
3	发展趋势是否可行	20		
4	团队分工明确、有效合作	20		
	合计	100		

任务三　数字化物流质量管理

任务描述

2024年的全国两会中，新质生产力成为名副其实的"热词"。所谓新质生产力，是以科技创新为主的生产力，是摆脱了传统增长路径、符合高质量发展要求的生产力，是数字时代更具融合性、更体现新内涵的生产力。2024年政府工作报告中提出，大力推进现代化产业体系建设，加快发展新质生产力。如何发展新质生产力，成为众多代表委员关注的重要话题。

一直以来生物医药产业创新成本高、投资风险大、研发周期长，需要通过产业数字化转型，加快形成生物医药产业的新质生产力。近年来，我国人工智能、大数据、云计算等新兴技术蓬勃发展，为生物医药产业的数字化转型提供了有力的"底盘"支撑。

如果你是一家大型生物医药企业的物流部门经理，考虑一下，如何发展新质生产力，推动医药企业物流高质量发展。

任务要求

提出数字化物流质量管理方案，实现医药企业物流质量的智能化监控。

一、传统物流质量管理存在的问题

物流质量管理是指对物流系统的运作过程进行全面的控制和监督，以确保物流服务质量满足客户需求的过程。物流质量管理是物流管理的重要组成部分，是提高物流服务质量、降低物流成本、增强企业竞争力的重要手段。

目前，物流质量管理存在以下问题：

（一）物流质量管理意识薄弱

物流质量管理意识薄弱是目前物流行业普遍存在的问题，企业对物流质量管理的认识不足，缺乏质量管理意识，导致物流服务质量难以得到有效保证。传统的物流管理观念侧重于成本控制和效率提升，对物流质量管理的重视程度不够。

（二）物流质量管理体系不完善

企业的物流质量管理体系不完善，缺乏系统的质量管理制度和流程，导致物流质量管理工作难以有效开展。

（三）物流质量管理人员素质不高

企业的物流质量管理人员缺乏必要的专业知识和技能，导致物流质量管理工作难以有效开展。物流行业专业人才缺乏，特别是物流质量管理方面的人才更是凤毛麟角。一些企业缺乏专业的物流质量管理人员，导致物流质量管理体系建设难以有效开展。

（四）物流质量管理技术和手段落后

企业的物流质量管理技术和手段落后，缺乏先进的质量管理工具和方法，导致物流质量管理工作难以有效开展。物流质量管理缺乏统一的标准，不同企业、不同行业往往采用不同的质量管理标准，导致物流质量管理体系难以实现互通互认。

（五）物流质量管理信息化水平低

企业的物流质量管理信息化水平低，缺乏有效的物流质量信息管理系统，导致物流质量管理工作难以有效开展。

基于以上问题，我们需要对物流质量管理进行数字化转型。

二、数字化物流质量管理的特点及目标

数字化物流质量管理是指利用现代信息技术，对物流全过程进行数字化、智能化管理，以提高物流质量和效率。

（一）数字化物流质量管理的特点

1. 数据驱动

数字化物流质量管理以数据为基础，通过采集、分析物流全过程中的各种数据，如订单信息、运输信息、仓储信息、配送信息等，来发现物流过程中的问题和不足，并采取措施进行改进。

2. 实时监控

数字化物流质量管理可以通过物联网、传感器等技术，对物流全过程进行实时监控，及时发现和处理物流过程中的异常情况，确保物流服务的及时性和准确性。

3. 智能分析

数字化物流质量管理可以通过人工智能技术，对物流数据进行智能分析，发现物流过程中的潜在问题和风险，并提出改进建议，帮助物流企业提高物流服务的质量。

4. 全程追溯

数字化物流质量管理借助区块链等技术，对物流全过程进行追溯，从而实现物流信息的透明化，提高物流服务的可信度。

5. 协同管理

数字化物流质量管理可以通过互联网平台，实现物流企业、客户、监管部门等多方之间的协同管理，提高物流服务的效率和效益。

（二）数字化物流质量管理的目标

数字化物流质量管理的目标是通过信息技术手段，提升物流服务的质量和效率，降低物流成本，最终实现物流行业的数字化转型。

1. 提高物流质量

提高物流质量是物流企业生存和发展的关键，也是物流行业发展的必然趋势。

物流企业要加强物流科技创新，不断提高物流服务的科技含量；要积极应用新技术、新方法，提升物流服务的质量和效率。数字化物流质量管理可以提高物流服务的准确性、及时性和可靠性。

2. 降低物流成本

数字化物流质量管理可以减少人为错误和浪费，降低物流成本。随着信息技术的不断发展，数字化物流质量管理将会在物流行业得到越来越广泛的应用，并将为物流企业降低成本、提高竞争力做出更大的贡献。

3. 提高客户满意度

数字化物流质量管理可以通过对物流全流程数据的采集、分析和应用，提高物流服务的准确性，减少物流服务差错，从而提高客户满意度，提升企业竞争力。

数字化物流质量管理是物流行业数字化转型的关键环节。数字化物流质量管理，可以推动物流行业从传统的人工管理模式向数字化管理模式转型，提升物流行业的整体竞争力。

三、数字化物流质量管理的优化措施

（一）加强物流信息的数字化

物流信息数字化是指利用物联网、大数据、人工智能等新技术，对物流全链条进行数字化改造，建立物流信息系统，采集、存储、处理和分析物流数据，为物流质量管理提供数据支撑

（二）建立数字化物流质量管理体系

建立数字化物流质量管理体系，从以下几个方面着手：
(1) 建立物流质量管理目标体系，明确物流质量管理的目标和方向。
(2) 建立物流质量管理制度体系，规范物流质量管理的各项工作。
(3) 建立物流质量管理流程体系，明确物流质量管理的各个环节和操作步骤。

（三）培育数字化物流质量管理人才

培育数字化物流质量管理人才，加强对物流质量管理人员的专业知识和技能培训；引进高素质的物流质量管理人才；建立物流质量管理人才培养机制。

（四）实现物流过程的透明化

物流过程透明化是指物流全链条的信息能够被及时、准确地采集、传输、共享和利用，使物流各环节的参与者能够实时了解物流作业情况，实现物流过程的公开、可控和可追溯。利用数字化技术，实现物流信息的实时采集和共享可以使物流过程更加透明。

(五)加强物流质量的智能化监控

物流质量监控是指利用物联网、大数据、人工智能等技术,对物流全链条进行实时监控,及时发现并解决物流过程中的质量问题,确保物流服务质量。随着物流信息化的不断发展,物流质量的智能化监控将会成为物流行业发展的新趋势。

【实践前沿8-2】
顺丰速运客户
满意度评价体系

任务实施

「步骤1」规划设计,制定数字化物流质量管理方案,明确目标、任务和实施步骤。

「步骤2」系统建设,建立物流信息系统,应用大数据技术,发展智能物流。

「步骤3」人员培训,对员工进行数字化物流质量管理知识和技能培训,提升员工素质。

「步骤4」对数字化物流质量管理方案进行风险评估。

「步骤5」提出应对措施。

任务评价

教师对各组进行综合评价,参见表8-8。

表8-8 数字化物流质量管理分析评价表

序号	评价内容	分值	得分	自我评价
1	实施步骤思路清晰	30		
2	预期效益明确	20		
3	风险评估方法合适	20		
4	应对措施可行	20		
5	团队分工明确、有效合作	10		
	合计	100		

任务四 数字化物流绩效评价

任务描述

小李是一家制造企业物流部门的运营主管,他所在的部门面临以下问题:

(1)物流绩效评价指标单一。传统的物流绩效评价指标主要关注成本、效率等方面,缺乏对客户满意度、可持续发展等方面的关注。

(2)数据收集困难。物流数据分散在不同的部门和系统中,难以收集和分析。

(3)绩效评价结果未应用。绩效评价结果未能有效应用于物流管理的改进和优化。

他让助理制定数字化物流绩效评价方案,实现以下目标:

(1)建立科学的物流绩效评价体系。评价体系应能全面、客观、科学地反映物流绩效。

(2)实现物流数据实时采集和分析。利用大数据技术,实现物流数据的实时采集和分析。

(3)将绩效评价结果应用于物流管理的改进和优化。以绩效评价结果为依据,持续改进物流管理,提升物流绩效。

请问,如果你是小李的助理,你该如何设计这个数字化物流绩效评价方案。

任务要求

根据要求设计数字化物流绩效评价方案,包括实施步骤、评价体系、评价技术、改进措施等。

知识准备

一、传统物流绩效评价存在的问题

物流绩效评价是指对物流系统的运作效率和效果进行的评价。它是物流管理的重要组成部分,是物流企业提高自身竞争力的重要手段。

目前,物流绩效评价存在以下问题:

(一)评价指标体系不完善

现有的物流绩效评价指标体系大多是从财务角度出发的,侧重于成本、利润等指标,而对物流服务的质量、效率等指标关注不足。此外,一些指标体系也未充分考虑物流服务的时效性、安全性、灵活性等方面。随着物流行业的发展和变化,传统的指标体系难以满足新的需求。

(二)评价方法不科学

传统的物流绩效评价方法大多采用单一的评价指标,如成本、利润、效率等,难以全面反映物流系统的绩效。近年来,虽然出现了一些综合评价方法,但这些评价方法理论依据不足,缺乏科学性。例如,有些方法只是简单地对几个指标进行加权平均,没有考虑指标之间的相互关系。

（三）评价结果难以应用

物流绩效评价的结果往往只用于考核物流企业的绩效，而没有很好地应用于物流系统的改进和优化。物流绩效评价的结果往往是针对整个物流系统的，缺乏针对性，因此难以应用于具体的物流环节或物流活动，并且结果往往没有及时反馈给物流企业或相关部门，缺乏反馈机制。

二、数字化物流绩效评价指标体系及方法

数字化物流绩效评价是利用数字化技术，对物流企业的绩效进行评价，它是传统物流绩效评价的升级。数字化物流绩效评价可以帮助物流企业更好地了解自身的运营状况，发现问题，改进工作，提高绩效。

（一）数字化物流绩效评价指标体系

数字化物流绩效评价指标体系如表8-9所示。

表8-9 数字化物流绩效评价指标体系

指标	内容
效率指标	订单处理率、运输及时率、库存周转率等
成本指标	物流成本率、库存成本率、运输成本率等
服务指标	客户满意度、投诉率、退货率等

（二）数字化物流绩效评价方法

数字化物流绩效评价方法主要有以下几种：

1. 平衡计分卡

平衡计分卡（BSC）是一种绩效管理工具，它是一种将财务指标与非财务指标相结合的评价方法，用于将企业的战略目标转化为可衡量的指标。它可以用于评估数字化物流企业的绩效，并帮助企业实现其战略目标。

（1）平衡计分卡包含四个维度，如表8-10所示。

表8-10 平衡记分卡的维度

维度	具体内容
财务维度	衡量企业财务方面的表现
客户维度	衡量企业满足客户需求的能力
内部流程维度	衡量企业内部流程的效率和有效性
学习成长维度	衡量企业员工的能力和知识水平

（2）根据平衡计分卡的四个维度，确定数字化物流绩效评价指标，如表8-11所示。

表8-11 平衡记分卡四个维度的评价指标

维度	评价指标
财务维度	营业收入、利润率、成本、投资回报率、资产周转率
客户维度	客户满意度、市场份额、客户留存率、客户投诉率、订单履行率
内部流程维度	订单处理时间、库存周转率、错误率、运输效率、仓储效率
学习成长维度	员工培训率、员工满意度、创新能力、知识管理

总之，平衡计分卡能帮助数字化物流企业实现战略目标，提高绩效。

2. 数据包络分析

数据包络分析（DEA）是一种非参数效率评价方法，可以用于评价多个决策单元（DMU）的相对效率。它可以用于评估数字化物流企业的绩效，并帮助企业找出改进的方向。

DEA（数据包络分析）模型能够有效应用于数字化物流企业的绩效评估工作。在具体指标的选取环节，需全面深入结合企业实际运营状况综合考量确定。就输入指标而言，可着重考虑营业收入、成本、员工人数、资产规模。输出指标方面，可重点选取利润率、客户满意度、市场份额、订单处理时间。

假设有三家数字化物流企业，其各项指标数据如表8-12所示。

表8-12 ABC数字化物流企业绩效数据

企业	营业收入（百万元）	成本（百万元）	员工人数（人）	资产规模（百万元）	利润率	客户满意度	市场份额	订单处理时间
A	100	50	100	100	10%	80%	20%	2天
B	120	60	120	120	12%	90%	25%	1天
C	150	75	150	150	15%	95%	30%	0.5天

使用DEA模型进行评价，可以得到以下结果，如表8-13所示。

表8-13 ABC数字化物流企业评价结果

企业	效率值
A	0.8
B	1
C	1.2

根据结果可以看出，企业B是有效DMU，其效率值为1，即它在给定投入下获得了最大的产出。企业A和企业C是无效DMU，企业A的效率值为0.8，表示该DMU在资源利用上存在不足，需要改进。企业C的效率值为1.2，是三家企业中绩效最优的企业。

3. 主成分分析

主成分分析（PCA）是一种通过降维来进行评价的方法，用于简化数据集。它通过正交变换将原始数据中的多个相关变量转换为少数几个不相关的变量，称为主成分。这些主成分可以解释原始数据中的大部分方差，因此可以用来降维和提取数据中的重要特征。

数字化物流绩效评价是数字化物流管理的重要环节，是衡量数字化物流发展水平和效益的重要指标。主成分分析可以有效地解决数字化物流绩效评价指标体系复杂、指标之间存在多重相关关系的问题。

三、数字化物流绩效评价的优化措施和发展趋势

（一）数字化物流绩效评价的优化措施

1. 完善评价指标体系

物流行业发展迅速，传统的指标体系难以满足新的需求。因此，需要根据物流行业的发展变化，及时调整和完善指标体系。例如，随着电子商务的快速发展，可以增加对物流服务信息化水平的评价指标。

为了解决传统物流绩效评价指标体系的问题，需要从以下几个方面进行改进：

（1）明确物流绩效评价的目标。首先要明确物流绩效评价的目标，是考核物流企业的绩效，还是为物流管理提供改进方向。

（2）选择合适的指标。选择合适的指标是构建物流绩效评价指标体系的关键。指标的选择要遵循全面性、科学性、可操作性的原则。指标体系要能够全面反映物流绩效的各个方面；指标的选择要具有理论依据，并经过实践检验；指标的定义要清晰，具有可操作性。

（3）建立动态评价体系。物流行业发展迅速，传统的静态评价体系难以满足新的需求。因此，需要建立动态评价体系，定期对指标体系进行调整和完善。

具体来说，可以从以下几个方面完善物流绩效评价指标体系：增加对物流服务质量、客户满意度等非经济指标的关注；加强对物流服务时效性、安全性、灵活性等方面的评价；根据物流行业的发展变化，及时调整和完善指标体系；加强指标体系的应用，为物流管理提供改进方向。

2. 创新评价方法

为了进一步提高数字化物流绩效评价的水平，需要在评价方法上进行创新和探索。以下是一些创新评价方法的思路：

（1）基于大数据的物流绩效评价。大数据技术可以对物流过程中的大量数据进行分析，发现物流系统的潜在问题和改进方向。例如，可以利用大数据分析来预测物流需求、优化物流路线、提高物流效率等。

（2）基于人工智能的物流绩效评价。人工智能技术可以对物流绩效评价进行智

能化分析，提高评价的准确性和效率。例如，可以利用人工智能技术来识别物流过程中的异常情况、预测物流风险等。

（3）基于区块链的物流绩效评价。区块链技术可以确保物流绩效评价数据的安全性和可靠性，提高评价的透明度和公信力。例如，可以利用区块链技术来建立物流绩效评价数据共享平台，实现数据共享和互信。

通过创新评价方法，可以提高数字化物流绩效评价的水平，更好地发挥数字化技术在物流绩效评价中的作用。

3. 加强评价结果应用

物流绩效评价指标体系的建立不是目的，而是手段。要加强指标体系的应用，将评价结果与物流企业的绩效考核挂钩，并为物流管理提供改进方向。具体来说，可以采取以下措施来加强物流绩效评价结果的应用：

（1）将评价结果与物流企业的绩效考核挂钩。将评价结果与物流企业的绩效考核挂钩，可以有效地激励物流企业改进物流管理，提高物流绩效。例如，可以将评价结果作为物流企业绩效考核的重要指标之一，并根据评价结果制定物流企业绩效奖惩措施。

（2）将评价结果应用于物流管理的改进。将评价结果应用于物流管理的改进，可以帮助物流企业发现物流管理中的问题和不足，并制定相应的改进措施。例如，可以根据评价结果，制订物流成本降低计划、物流效率提升计划、物流服务质量提升计划等。

（3）建立物流绩效评价结果应用平台。建立物流绩效评价结果应用平台，可以为物流企业提供绩效评价结果应用的指导和服务。例如，可以建立物流绩效评价结果应用指南、物流绩效评价结果应用案例库，提供物流绩效评价结果应用咨询服务等。

通过加强物流绩效评价结果的应用，可以将评价结果转化为物流管理改进的方向，促进物流管理水平的提升。

（二）数字化物流绩效评价的发展趋势

1. 更加注重数字化因素

随着数字化物流技术的快速发展，数字化因素在物流绩效评价中将越来越重要。

（1）数字化物流技术应用程度。企业数字化物流技术应用程度的评价，包括大数据、人工智能、区块链、云计算等技术应用情况的评价，可以从企业的信息化系统建设、数据采集和分析能力、智能化物流设备应用等方面进行评价。

（2）数字化物流技术创新能力。企业数字化物流技术创新能力的评价，包括研发投入、技术成果转化等方面，可以从企业研发团队规模、研发经费投入、专利数量、技术成果转化率等方面进行评价。

（3）数字化物流人才队伍建设。企业数字化物流人才队伍建设情况的评价，包括人才数量、人才素质等方面，可以从企业数字化人才招聘、培训、考核等方面进行评价。

随着大数据、人工智能等技术的发展，数字化物流绩效评价的方法也将更加科学，将更加注重数据分析和模型应用，提高评价的准确性和客观性。

总而言之，数字化物流绩效评价将朝着更注重数字化因素、更注重评价方法的科学性、更注重评价结果的应用的方向发展。这将有利于物流行业的健康发展和竞争力的提升，从而为经济社会发展做出更大的贡献。

2. 更加注重客户满意度

客户满意度是衡量物流服务质量的重要指标，在数字化物流绩效评价中将越来越重要。

（1）客户感知服务质量。评价客户对物流服务质量的感知，包括时效性、准确性、安全性、完整性、灵活性等方面，可以从物流服务过程的各个环节进行评价，包括揽收、运输、仓储、配送等。

（2）客户满意度调查。通过调查问卷、电话访问、网络调查等方式，收集客户满意度信息。可以根据不同客户群体的特性，设计不同的调查问卷。

（3）客户满意度分析。分析客户满意度调查结果，找出提升客户满意度的措施。可以使用数据分析方法，如统计分析、回归分析、因子分析等，对客户满意度数据进行分析。

总而言之，客户满意度是数字化物流绩效评价的重要指标。政府、企业和研究机构应积极推动客户满意度评价的应用，不断完善评价指标体系和评价方法，提高评价的科学性和准确性，为物流行业健康发展提供更好的服务。

3. 更加注重可持续发展

数字化物流绩效评价将更加注重可持续发展，包括绿色物流、低碳物流、循环经济等指标。

（1）绿色物流指标。评价企业的绿色物流发展水平，包括碳排放、能源消耗、污染物排放等指标，可以从企业的绿色包装、绿色运输、绿色仓储等方面进行评价。

（2）低碳物流指标。评价企业的低碳物流发展水平，包括碳减排量、绿色运输方式使用率等指标，可以从企业的碳排放量、新能源车辆使用率、绿色运输方式使用率等方面进行评价。

（3）循环经济指标。评价企业的循环经济发展水平，包括资源利用率、废弃物回收利用率等指标，可以从企业的资源回收利用、废弃物处理等方面进行评价。

总之，数字化物流绩效评价是促进物流行业可持续发展的重要工具。政府、企业和研究机构应积极推动可持续发展指标的应用，加强绿色物流、低碳物流、循环经济等相关标准的制定和完善；加强可持续发展指标数据的采集和分析；建立可持续发展评价模型，提高评价的科学性和准确性；加强宣传和推广，提高社会各界对数字化物流绩效评价中可持续发展指标的认识。不断完善评价指标体系和评价方法，为物流行业健康发展和可持续发展提供更好的服务。

数字化物流绩效评价，可以促进物流行业更加注重可持续发展，提高资源利用效率，减少污染排放，实现经济效益、社会效益和环境效益的协调统一。

此外，数字化物流绩效评价的发展趋势还包括以下方面：第一，更加注重数据化、智能化。利用大数据、人工智能等技术，提高数字化物流绩效评价的效率和准确性。第二，更加注重国际化。适应全球化发展趋势，建立国际化的数字化物流绩效评价体系。第三，更加注重个性化。根据不同物流企业的特点，建立个性化的数字化物流绩效评价体系。

总之，数字化物流绩效评价将朝着更加注重数字化因素、客户满意度、可持续发展、数据化、智能化、国际化、个性化的方向发展。

【实践前沿8-3】
数字物流帮助企业削减成本的三大策略

任务实施

「步骤1」规划设计，制定数字化物流绩效评价方案，明确目标、任务和实施步骤。

「步骤2」建立评价体系构架，应用大数据技术等。

「步骤3」对员工进行数字化物流知识和大数据技术技能培训，提升员工素质。

「步骤4」对数字化物流绩效评价提出改进措施。

任务评价

教师对各组进行综合评价，参见表8-14。

表8-14 数字化物流绩效评价分析评价表

序号	评价内容	分值	得分	自我评价
1	实施步骤思路清晰	30		
2	评价体系构架合理	20		
3	评价技术新颖	20		
4	改进措施可行	20		
5	团队分工明确、有效合作	10		
	合计	100		

同步实训

物流企业数字化转型成效分析

实训背景

物流企业在数字化转型过程中，质量管理仍然是至关重要的一环，它可以确保企业始终如一地提供高质量的服务。通过实施与数字化转型目标相一致的稳健的质量管理框架，物流企业可以有效地管理和衡量质量绩效，推动持续改进并取得长期成功。

实训目的

引导学生了解物流企业数字化转型过程中质量管理的重要性，调研企业质量管理的关键要素和管理框架，提升学生数字化质量管理的意识和能力。

实训组织

（1）以2~3人为一组，调研一家企业。
（2）调研企业数字化转型现状及成效。
（3）对调研信息进行汇总梳理，分析原因，给出建议。
（4）分享成果，交流评价。

实训评价

教师对各组进行综合评价，参见表8-15。

表8-15 物流企业数字化转型成效分析评价表

序号	评价内容	分值	得分	自我评价
1	所选企业具有一定的代表性	20		
2	能够找出企业数字化转型中存在的问题	30		
3	能够结合转型成效提出合理的建议	30		
4	团队分工明确、有效合作	20		
	合计	100		

【自测评估】

参考文献

[1] 李震.数字经济赋能新发展格局：理论基础、挑战和应对[J].社会科学，2022（3）：43-53.

[2] 国家发展和改革委员会经济贸易司，南开大学现代物流研究中心.中国现代物流发展报告2022[M].北京：中国社会科学出版社，2022.

[3] 薛威.仓储作业管理[M].4版.北京：高等教育出版社，2022.

[4] 陆会娥.对传统物流数字化转型的研究[J].中国航务周刊，2023（27）：77-79.

[5] 顾笛.物流企业数字化转型发展路径探讨与分析[J].中国物流与采购，2024（2）：43-44.

[6] 方宏伟.物流企业数字化转型影响因素研究[D].唐山：华北理工大学，2023.

[7] 何硕硕.数字经济背景下物流企业运营效率研究[D].无锡：江南大学，2023.

[8] 李婷.基于供应链数字化的物流企业协同发展模式研究[J].中阿科技论坛（中英文），2023（11）：53-57.

[9] 张仕清.基于外贸供应链的中小物流企业数字化评价指标体系构建研究[D].杭州：浙江大学，2023.

[10] 周恕.物流企业数字化转型研究[J].中国储运，2022（4）：176-178.

[11] 中国科学院科技战略咨询研究院课题组.产业数字化转型：战略与实践[M].北京：机械工业出版社，2020.

[12] 刘郝.物联网技术在园区数字化运营系统（PDOS）中的一些应用[J].中国储运，2023（11）：39.

[13] 唐艳，刘小军.数字贸易4.0背景下跨境电商供应链运营优化对策探究[J].现代商业，2023（16）：15-18.

[14] 胡泠."工业4.0"背景下物流供应链数字化运营模式研究[J].中国储运，2021（8）：195-196.

[15] 艾合塔木江·艾克热木.智慧化时代现代物流企业的数字化升级与转型[J].中国航务周刊，2023（29）：55-57.

[16] 龚梦雪.制造企业数字化运营管理方案——以W公司为例[J].中国市场，2022（17）：94-96.

[17] 汪琼.数字经济视域下跨境电商企业转型升级方式探讨[J].质量与市场，2022

（6）：181-183.

[18] 王波.京东智慧供应链创新与应用研究[D].西安：西北大学，2021.

[19] 王桂花.供应链管理事务[M].北京：高等教育出版社，2022.

[20] 朴辰晟.数字经济对物流企业持续性创新的影响研究[C]//香港新世纪文化出版社有限公司.2023年第七届国际科技创新与教育发展学术会议论文集（第二卷）.世明大学，经营学院，2023：3.

[21] 朱传波，陈威如.宋小菜——以数字化供应链破局生鲜[J].清华管理评论，2020（4）：102-110.

[22] 威廉J.史蒂文森.运营管理[M].北京：机械工业出版社，2019.

[23] 李清.数字化物流平台案例与分析[M].上海：复旦大学出版社，2023.

[24] 周扬，吴金云，李强.5G＋智慧物流赋能物流企业数字化转型[M].北京：人民邮电出版社，2023.

[25] 龚光富，李家映.智慧物流：数字经济驱动物流行业转型升级[M].北京：中国友谊出版公司，2022.

[26] 中国政府网.商务部等12部门关于加快生活服务数字化赋能的指导意见[EB/OL].(2023-12-15)[2024-04-15].https://www.gov.cn/zhengce/zhengceku/202312/content_6921525.htm.

[27] 龚端华.数字化背景下的物流企业运营管理策略研究[J].中国电子商情,2024（18）：29-31.

[28] 朱贝特.《新时代中国智慧物流发展报告》发布[J].中国物流与采购，2018（24）：52.

[29] 李紫瑶，史文强.物流产业数字化转型驱动因素及路径选择[J].统计与决，2024，40（22）：183-188.